Peter Josef Senner (Hrsg.)

Strategischer Verkauf

**Kunden-Coaching
in 7 Erfolgsdisziplinen**

Peter Josef Senner (Hrsg.)

Strategischer Verkauf

Kunden-Coaching
in 7 Erfolgsdisziplinen

Peter Josef Senner

Bibliografische Informationen der Deutschen Bibliothek

Die Deutsche Bibliothek verzeichnet diese Publikation in der Deutschen Nationalbibliografie; detaillierte bibliografische Daten sind im Internet über http://dnb.ddb.de abrufbar.

ISBN 3-89749-650-X
ISBN 978-3-89749-650-7

Lektorat: Reinhard Peter, repecon Medienkonzeptionen, Würzburg
Umschlaggestaltung: +Malsy Kommunikation und Gestaltung, Willich
Umschlagabbildung: getty images/Iconica/Wide Group
Satz und Layout: GRAFIK DESIGN Thomas Frenzel, Uffenheim
Druck und Bindung: Konrad Triltsch GmbH, Ochsenfurt-Hohestadt

Copyright © 2006 GABAL Verlag GmbH, Offenbach
Alle Rechte vorbehalten. Vervielfältigung, auch auszugsweise, nur mit schriftlicher Genehmigung des Verlages.

www.gabal-verlag.de
www.gabal-shop.de
www.gabal-ist-ueberall.de

Vorwort

Peter Josef Senner

Der Verkäufer muss eine Strategie haben, um beim Kunden Verkaufserfolge zu erzielen. Diese Anforderung ist grundsätzlich richtig, bedeutet aber für die unterschiedlichen Branchen auch ganz differenzierte Ausprägungen. Das vorliegende Werk „Strategischer Verkauf" schafft zu diesen verschiedenartigen Formen und Inhalten die Klammer in Form von sieben so genannten Erfolgsdisziplinen. Die Disziplinen haben aus Sicht der Autoren generelle Gültigkeit für die strategischen Überlegungen in Verkaufsprozessen.

Basis der Autoren ist der Leitgedanke des Kunden-Coaching: *„Verkaufen heißt, dem Kunden zum Erfolg zu verhelfen!"* Die Umsetzung dieses Grundsatzes wirkt sich in vielfältiger Weise im Verkaufsalltag positiv aus. Alle Autoren verfügen über einen enormen Erfahrungshintergrund in Führung und Verkauf sowie in Training und Coaching. In den Beiträgen geben sie ihre Vorstellungen und Ideen zum Thema „Strategischer Verkauf" weiter. Dieses Buch soll dadurch eine fundierte und gut in der Praxis umsetzbare Quelle für mehr Verkaufserfolg darstellen.

Türkheim, im Herbst 2006

Peter Josef Senner (Herausgeber)

Inhaltsverzeichnis

Vorwort 5

Autor: Wolfgang Grantl

Totales Kunden-Know-how 13

Einleitung 13
1. Informationsquellen 14
   1.1. Internet – das Multimedium 15
   1.2. Annual Report – Geschäftsbericht 16
   1.3. Bankauskunft 17
   1.4. Wirtschaftsauskunft/Handelsauskunft 17
   1.5. Presse 18
   1.6. Fachmedien 19
   1.7. Messen 20
   1.8. Mitarbeiter 20
   1.9. Wettbewerber 21
   1.10. Kunden 21
   1.11. Lieferanten 22
2. Kundenorganisation 22
   2.1. Vorstand 23
   2.2. Geschäftsführung 23
   2.3. Einkauf 24
   2.4. Verkauf 24
   2.5. Entwicklung 25
   2.6. Personalwesen 25
   2.7. Produktion 25
   2.8. Qualitätsmanagement 25
   2.9. Sonstige Bereiche 26
3. Gesprächspartner 26
   3.1. Wichtigster Gesprächspartner 26
   3.2. Erster Entscheider 27
   3.3. Der Gesprächspartner in der Kundendatei 29
4. Smalltalk 32
   4.1. Die Punktlandung 32
   4.2. Beispiel: Bayern gegen Werder 33
   Wie hätte es laufen können? 34
   4.3. Beispiel: Kennen Sie Cornwall? 34
   4.4. Beispiel: Das Collier für Venedig 35
5. Schlüsselfaktoren 37
   5.1. Was ist ein Schlüsselfaktor? 37
   5.2. Das „Know-how-Rad" 38
6. Fazit 39

Autor: Roland Strauß

Kommunikation – das ERLEBEN des Gesprächspartners ... 43

1. **Einleitung** ... 43
   - 1.1. Erleben von Kommunikation ... 45
   - 1.2. Hauptfehler ... 46
2. **Positive Rahmenbedingungen** ... 49
   - 2.1. Gründliche Gesprächsplanung ... 49
   - 2.2. Emotionale Voreinstellung ... 51
   - 2.3. Der Stuhl des Anderen ... 51
   - 2.4. Freundlichkeit und Begeisterung ... 52
3. **Aktives Zuhören** ... 53
   - 3.1. Allgemeine Situation ... 53
   - 3.2. Aktives Zuhören im Beruf ... 54
     - 3.2.1. Verständnis signalisierendes Nicken ... 54
     - 3.2.2. Verständnisfragen ... 54
4. **Fragetechnik** ... 55
   - 4.1. Fragestrategie ... 57
   - 4.2. Fragearten ... 61
     - 4.2.1. Geschlossene Frage ... 62
     - 4.2.2. Offene Frage ... 62
     - 4.2.3. Suggestivfrage ... 63
     - 4.2.4. Rhetorische Frage ... 63
     - 4.2.5. Alternativfrage ... 63
     - 4.2.6. Reflektierende Frage ... 64
     - 4.2.7. Gegenfrage ... 64
5. **Nutzensprache** ... 66

Autor: Thomas Hildenbrand

Service – Zusatznutzen für den Kunden ... 69

1. **Begriffsbestimmung** ... 69
2. **Warum eigentlich?** ... 70
3. **Die Kenntnis des Kunden ist entscheidend** ... 71
4. **Das Kano-Modell: Lerne den Kunden kennen** ... 76
5. **Die Schatzsuche oder die strategische Ausrichtung** ... 82
6. **Zusammenfassung** ... 97

Autor: Birgit Kettler

Erfolgsfaktor Kundenbindung 99

1. Einleitung 99
2. Maßnahmen zur Kundenbindung 101
3. Kunden-Nutzen-Verhältnis 101
4. Kundenorientierung 102
5. Kundenbindungsinstrumente 103
6. Warum loyale Kunden gewinnträchtiger sind 106
7. Die Wirkungskette der Kundenbindung 107
   - 7.1. Kontrolle des Kundenbindungsmanagements 109
   - 7.2. Nutzen des Kundenbindungsmanagements 109
8. Kundenkonferenzen 109
   - 8.1. Zielsetzungen von Kundenkonferenzen 111
   - 8.2. Faktoren für eine erfolgreiche Kundenkonferenz 114
   - 8.3. Ablauf von Kundenkonferenzen 114
   - 8.4. Effekte und Impulse der Kundenkonferenz 115
   - 8.5. Fragen zur Organisation einer Kundenkonferenz 116
   - 8.6. Organisation und Ablauf von 117
     Kundenkonferenzen
   - 8.7. Kennzeichen der Kundenkonferenzen 118
9. Techniken und Regeln 119
   - 9.1. Techniken 119
   - 9.2. Regeln 120
10. Follow-up der Kundenkonferenz 126
11. Soll-Ist-Vergleich 128
12. Kundenzufriedenheit 129
    - 12.1. Management der Kundenzufriedenheit 131
    - 12.2. Messung von Kundenzufriedenheit 133
13. Total Customer Care 133
14. Die Kundenerwartungen von morgen – 134
    Unternehmensumfrage

Autor: Dr. Wolfgang Viehmann

Der Verkäufer als Unternehmensberater 137

Autor: Peter Josef Senner

Kunden-Coaching – die neue Art des Verkaufens in Marktketten ... 143

1. **Bestimmungsfaktoren für den Vertrieb** ... 144
   über Marktpartner
   1.1. Gesetze des Wandels ... 144
   1.2. Abkehr vom Verkäufermarkt ... 146
   1.3. Natürliche Grenzen innerhalb ... 146
       einer Vertriebsschiene
2. **Die Doppelstrategie für den Vertrieb** ... 147
   über Marktpartner
   2.1. Sicherung der bestehenden Absatzkanäle ... 147
   2.2. Ausweitung des Absatzpotenzials durch ... 149
       Förderung des Partners in Vertrieb und
       Unternehmensführung
3. **Leitgedanken für Kunden-Coaching** ... 151
4. **Die neue Kernkompetenz für Unternehmen –** ... 153
   Strategisches Kunden-Coaching

Autor: Hans Georg Hammer

Emotionale Verkäuferintelligenz ... 159

1. **IQ – EQ – die emotionale Intelligenz** ... 159
   1.1. Die 5 Dimensionen Emotionaler Intelligenz ... 160
2. **Kompetenzvoraussetzungen für den** ... 162
   beruflichen Erfolg
3. **Emotionen** ... 163
4. **Verkaufen** ... 163
   4.1. Kaufmotive: Der Mensch entscheidet ... 164
       zu ca. 93 % mit dem Gefühl
   4.2. Unterscheidungskriterien der Produktwerbung .. 164
   4.3. Spannungsbogen eines Verkaufsgespräches ... 165
5. **Empathie** ... 166
   5.1. Der interessante Verkäufer ... 167
   5.2. Der Gleichklang der Ansprache ... 168
   5.3. Der Gleichklang der Körper ... 169
   5.4. Verstehen Sie Ihren Gesprächspartner ... 169
   5.5. Optimismus – eine emotional-intelligente ... 170
       Haltung
   5.6. Sympathie – partnerorientiertes Gespräch ... 170
   5.7. Tipps für partnerorientierte Gespräche ... 171

6. Im Verkaufsgespräch ... 173
6.1. Kommunikative Grundlage ... 173
6.1.1. Vier Ohren einer Botschaft ... 173
6.1.2. In Bildern sprechen ... 175
6.1.3. Verkaufen Sie den Nutzen ... 176
6.1.4. Fragen im Gespräch ... 176
6.1.5. Der Kunde will gelobt sein ... 177
6.1.6. Der Kunde hat einen Einwand ... 177

7. Zusammenfassende Kurz-Tipps: ... 178
mehr Gesprächserfolg durch Empathie

8. Der Höhepunkt des Gespräches – der ... 179
Verkaufsabschluss

9. Auf einen Nenner gebracht ... 180

Quellenangaben und Literaturhinweise ... 182

Inhaltsverzeichnis

Kurzprofil Trainer

Wolfgang Grantl

Wolfgang Grantl
An der Zentlinde 26
64711 Erbach/Odenwald

WolfgangGrantl@
coaching-concepts.de

www.coaching-
concepts.de

Wolfgang Grantl, der erfahrene Manager aus der Automobilbranche führte über 25 Jahre erfolgreiche, internationale Vertriebsteams und hat intime Kenntnis aller OEM's deren Zulieferer und Lieferanten. Globale Verantwortung als Geschäftsführer, Vertriebsleiter und Commercialdirektor bilden die Grundlage für die Weitergabe vielfältiger persönlicher Erfahrungen in den Trainings in Führung und Verkauf.

Training und Coaching in Moderation, Rhetorik, Persönlichkeitsentwicklung für den täglichen Umgang mit Mitarbeitern und Kunden, typgerechtes Verkaufen.

Totales Kunden-Know-how

Wolfgang Grantl

Einleitung

Wissen ist Macht – nichts wissen macht auch nichts! Welche Feststellung trifft wohl mehr zu? Na ja, allein nach dem Gefühl ist es wohl der erste Teil des Satzes, „Wissen ist Macht." Nahezu 400 Jahre ist dieses bedeutungsschwere Wortspiel alt. Urheber ist Sir Francis Bacon, ein englischer Adliger und Philosoph, der für damalige Verhältnisse eine schillernde Karriere machte. Die berühmte Aussage traf er aber zu einer Zeit, als er den Höhepunkt seiner Laufbahn bereits überschritten hatte. Sicher leiteten ihn Erkenntnisse gerade aus den eher schwierigen Umständen, denn wenn Machtspiele die Regie im Leben eines Menschen bestimmen, kommt es auf kleine, aber entscheidende Wissensvorsprünge an.

Wissen ist Macht

Wissen ist Macht – das ist heute aktueller denn je. Dabei denke ich nicht an den technischen Fortschritt und die Erkenntnisse, die die Wissenschaftler jeden Tag, jede Woche aus dem Boden stampfen. Vielmehr ist die richtige Kombination von Wissen entscheidend, die Konzentration auf die wesentlichen Dinge, die uns weiterbringen! Denn niemand kann alles wissen, oder erheben Sie für sich diesen Anspruch?

Wenn wir zum Kunden gehen, nehmen wir seine Zeit in Anspruch. Das kostbarste Gut des Menschen sollten wir nicht verschwenden, schon im eigenen Interesse: Die Planung eines Kundengesprächs ist deshalb außerordentlich wichtig. Die Wahl der zu besprechenden Themen und deren sinnvolle Reihenfolge im Gesprächsablauf muss stimmen.

So muss der Kunde schon beim Start des Gesprächs sofort erkennen, dass seine Wünsche, seine Ziele, seine Vorlieben oder auch sein Wille in der Themenliste Priorität genießen. Er wird dann nicht nur besser gelaunt der Unterredung folgen, sondern ist auch unseren Zielen gegenüber aufgeschlossener, wenn die Themenfestlegung – was, wann und wie – seinen Neigungen entgegenkommt.

Hier den richtigen Weg zu gehen, ist keine Hexerei. Es hat auch wenig mit guter und schlechter Tageslaune zu tun oder hängt gar von den Sternen ab. Vielmehr möchte ich bei dieser Thematik erstmals, wie in meiner nachfolgenden Abhandlung noch des Öfteren, den Begriff „Punktlandung" bemühen.

Gewissenhafte Planung des Kundengesprächs erhöht die Erfolgschancen

Was meine ich damit? Treffen Sie in einer Besprechung, schon beim Smalltalk, bei der Zusammenstellung der Agenda, beim Gesprächsablauf auf die richtigen Punkte – wohlgemerkt des Kunden –, wird der Dialog in den von Ihnen gewünschten Bahnen verlaufen und das gewünschte Ergebnis erzielen. Nur wenn ich mein Kundengespräch richtig aufbaue, erhalte ich die Antworten, die ich für den weiteren Fortschritt benötige, finde die Schlüsselfaktoren für den Erfolg mit diesem Kunden heraus und kann dem Ziel entgegensteuern.

Hört sich einfach an? Ist es, wenn die Basis stimmt, und diese ist „Wissen", Know-how über und um den Kunden. In den nachfolgenden Kapiteln möchte ich aufzeigen, dass Kunden-Know-how nicht umfangreiches Wissen meint, wissenschaftliche Studien erfordert oder höhere Schulbildung voraussetzt. Es ist nur die Konzentration auf das Wesentliche, entscheidend ist Kunden-Know-how, nicht mehr und nicht weniger!

1. Informationsquellen

Erst der Fleiß, dann der Preis. Am Anfang stehen wie so oft das „Wo" und „Wie"! Zur Erreichung eines adäquaten Kunden-Know-hows stehen uns verschiedene Informationsquellen zur Verfügung. Die wichtigsten Quellen sind nachfolgend aufgelistet, wie auch deren Vor- und Nachteile und sinnvolle Anwendung beschrieben werden.

1.1. Internet – das Multimedium

Früher, als ich mit dem Verkaufen anfing, da gab es in großen Firmen sog. Lochkartenabteilungen, der Computer war so groß wie die Großkücheneinrichtung. Nicht nur die Ausmaße des Computers, sondern auch der Lärm hatten eine gewisse Ähnlichkeit mit einem mittleren Verschiebebahnhof bei Schichtwechsel. Der Verkäufer pflegte seine Daten meist in der klassischen Kundendatei. Eine gut geführte Kundendatei war das A und O eines erfolgreichen Verkäufers, es war alles erfasst, was an Informationen zu ergattern war. Das Ausfüllen erfolgte gleich nach dem Kundenbesuch noch im Auto.

Unter den heutigen vielfältigen Möglichkeiten an Informationsquellen ist das Internet wohl die bahnbrechendste Infobörse. Dieses Medium erlaubt es, auch erst kurz vor einem Informationsbedarf, einem Besuch oder Telefonat noch aktuelle Infos einzuholen, die – wenn die Internetseiten des Kunden gepflegt sind – topaktuell sind. In jedem Fall empfiehlt es sich, die „News"-Rubrik anzuklicken, vielleicht gibt es gerade den Aufhänger für den Gesprächsstart; eventuell eine neue Produktvorstellung oder einen Wettbewerb, den der Kunde für sich entscheiden konnte.

Internet ist die wohl bahnbrechendste Infobörse

Die Spalte „Produkte" wird der Verkäufer anvisieren, der einen Erstkontakt plant. Man zeigt Kompetenz, wenn beim Smalltalk oder im Fachgespräch geschickt durchblickt, wie gut der Kunde mit seinem Produktportfolio aufgestellt ist. Es spricht sich lockerer und es wird nicht nur an der Oberfläche gekratzt, was das aufmerksame Gegenüber registriert. Gut informiert ist näher dran! Auch wird die gepflegte Homepage auf die demnächst vom Kunden frequentierten Messen hinweisen, ein weiterer Ansatzpunkt, eine Firma näher kennen zu lernen. Firmeninformationen über die Organisation oder etwa Qualitätszertifikate (QS 9000, ISO 9001, 14001, TS 16549 etc.) geben auch Auskunft darüber, welchen Stellenwert das Qualitäts- und Umweltbewusstsein im Unternehmen genießt. Oft findet man auch im „Karriere"-Feld interessante Dinge über Personalentwicklungen.

Das Internet ist sicherlich eine der vielfältigsten und effizientesten Instrumente, die bei der Informationssammlung genutzt werden können – setzen Sie es nach Kräften und Bedarf ein!

1.2. Annual Report – Geschäftsbericht

Ein dickes DIN-A4-Buch mit 150 Seiten wird meist in Händen gehalten, wenn der Annual Report einer Firma aufgeschlagen wird, die ihren Stellenwert entsprechend den Vorstellungen ihrer Anteilseigner oder Shareholder präsentiert. Außen fällt meist Hochglanzoptik ins Auge, innen geht es eher nüchtern zu. Im Gegensatz zum Internet werden hier die Informationen weniger marketingorientiert aufbereitet als vielmehr finanztechnisch. Steuerliche und bilanztechnische Fragestellungen diktieren die Einteilungen in den Reports, die sich damit weitaus trockener präsentieren als andere Publikationen. Doch für den Vollkaufmann, Bilanzbuchhalter oder Steuerberater ist so ein Report wie ein Krimi; der Fachmann liest kurz quer und erkennt auf Anhieb die ergebnisrelevanten Parameter. Zahlen können nicht geschönt werden, Bilanzen sprechen eine eindeutige Sprache. Trotzdem: Auch hier kommt die „Prosa" zu Wort, wortreich werden die Fakten kommentiert und plausibilisiert.

Geschäftsbericht ist der Krimi für Fachleute

Beachtung verdient auch der Ausblick auf die Aktivitäten der Firma im folgenden Geschäftsjahr, diese Prognosen sind ein Muss im Bericht. Oft finden sich hier Hinweise auf Neuentwicklungen, Programmausweitungen oder geplante Investments. Für die Zusammenarbeit mit einem vielschichtig aufgestellten Kunden kann dies Information zur rechten Zeit bedeuten.

Weniger wichtig, doch für manche Leser interessant sind die Aussagen über die Jahresbezüge der Vorstände und Geschäftsführer sowie aufgewendete Diäten und Tantiemen für Aufsichts- oder Beiratsmitglieder.

Der Geschäftsbericht kann bei vielen Unternehmen nach Abschluss der Bilanzpressekonferenz oder Bekanntgabe des Jahresergebnisses auf Anfrage erhalten werden. Gute Kontakte zum Einkauf empfehlen sich hier ebenfalls für die Zusendung eines Exemplars. Börsennotierte Unternehmen verteilen die Berichte auf der Bilanzpressekonferenz, wo die Presse sich eindeckt. Auszugsweise können sich Interessierte in der Wirtschafts- oder regionalen Presse über den Inhalt informieren, allerdings oft nur in groben Zusammenfassungen.

1.3. Bankauskunft

Bankauskünfte werden in der Regel von der Hausbank eines Kunden an legitimierte Anfrager gegeben, die bereits in Geschäftsbeziehung zum Unternehmen stehen oder verlässlich in eine solche eintreten wollen. Allerdings muss für die Anfrage eine plausible Begründung vorliegen. Sie wird nicht ohne konkreten Hintergrund erteilt. Kein Instrument also für den informationshungrigen Verkäufer!

Ist man aber im Besitz eines neueren Geschäftsberichtes, können darin alle wesentlichen Unternehmensdaten gefunden werden, und es kann in diesem Fall der Aufwand erspart werden, der Bank Begründungen für einen Bedarf für eine Bankauskunft zu erläutern.

Zahlungsverhalten oder Modalitäten sind leichter aus einer Handelsauskunft zu entnehmen, die weitaus leichter zu beschaffen ist.

1.4. Wirtschaftsauskunft/Handelsauskunft

Durch die neuen Medien sind viele Unternehmen zu Eigenrecherchen übergegangen. Trotzdem ist die klassische, durch Profis erstellte Handelsauskunft nicht zu verachten. Sie ist besonders dann lukrativ, wenn die Zeit gerechnet wird, die durch Eigenaufwand für Recherchen aufgewendet werden muss. Im Zeitalter des Outsourcens ist der Professionalismus außer Haus oftmals billiger, schneller und gehaltvoller. Und, wenn es ganz besonders wichtig ist, kann die Handelsauskunft auch zur Abrundung der eigenen Erkenntnisse nützlich sein – Gegencheck aus einer zweiten Quelle. Die traditionellen Anbieter für Wirtschaftsauskünfte holen sich ihre Informationen neben den öffentlich zugänglichen Möglichkeiten auch von den Firmen selbst, indem sie Fragebogen aussenden. So bitten sie um direkte Mitarbeit der Firmen unter der Maßgabe, für eventuelle potenzielle Partner der Firmen Informationen aus erster Hand bereitzuhalten. Dies bietet den Unternehmen optimale Möglichkeiten, sich als Firma ins rechte Licht zu rücken. Daraus resultiert auch, dass eine Wirtschaftsauskunft manchmal nicht ganz neutral ist. Zwischen den Zeilen lesen ist durchaus angesagt.

Handelsauskunft kontra Eigenrecherche

In der Wirtschaftsauskunft enthalten sind in der Regel die genaue Gesellschaftsform des Unternehmens, die im Handelsregister eingetragenen Gesellschafter, Vorstände, Geschäftsführer und Prokuristen der Gesellschaft. Über die eingetragenen Personen kann nachgelesen werden, ob sie Anteile am Unternehmen halten. Ihre Zuständigkeiten im Hause, Alter, Familienverhältnisse und meist eine Aussage über ihren Leumund. Standorte und Zweigwerke der Firma werden ebenso aufgelistet wie Beteiligungen und Tochterfirmen. In der ausführlichen Auskunft steht auch etwas über die praktizierte Fertigungstiefe, die wichtigsten Kunden oder Lieferanten.

1.5. Presse

Haben Sie eine Tageszeitung abonniert? Lesen Sie regelmäßig überregionale Zeitungen? Nutzen Sie freie Zeit zum Studium von Magazinen?

Presse als Informationsquelle für mögliche Interessensschwerpunkte Ihrer Geschäftspartner

Ich habe mir angewöhnt, bei jeder sich bietenden Gelegenheit irgendetwas aufzuschnappen, was meine Kunden interessieren könnte. Mit den Kenntnissen der Vorlieben Ihrer wichtigsten 30 bis 50 Gesprächspartner sollte es möglich sein, beim Schnellblättern durch die Zeitung mit geschärftem Unterbewusstsein zu erreichen, dass wie bei einer Rasterfahndung alles hängenbleibt, was irgendwie für Ihre Zielpartner interessant sein könnte. Man darf sich hier natürlich nicht auf die Teile der Zeitung beschränken, die den eigenen Neigungen entsprechen, sondern muss überall stöbern: Politik, Wirtschaft, Kultur, Sport bis zum regionalen Vereinsleben oder zur Kommunalpolitik, alles kann wichtig sein.

Unterhalten Sie sich lieber mit einem Freund oder einem Fremden? Spricht es sich mit einem Freund, einem Vertrauten nicht leichter, da gleich eine Gesprächsbasis vorhanden ist, auf der es sich vertrauensvoll bewegen lässt?

Warum machen wir unsere Kunden nicht einfach zu Freunden? Wie gewinne ich eigentlich Freunde? Indem ich beispielsweise einen ganz persönlichen Wunsch erfülle. Oder bei der Lösung eines belastenden Problems berate oder unterstütze. Auch sind Ratschläge bei der Vorbereitung des Urlaubs eines zeitgestressten Kunden oftmals eine Chance, originelle Ideen einzubringen.

Für all dies bieten sich die verschiedenen Presseorgane hervorragend an. Nun ist „Rausreißen" die Devise und Ablegen in die Kundenakte. Dann kann der Artikel vor dem nächsten Kontakt mit dem Kunden gesichtet und nochmals gewichtet werden, ob und wie er gewinnbringend eingesetzt werden kann. Weniger ist hier nicht mehr –

lieber einmal zu viel gesammelt, weggeworfen werden kann der Zeitungsartikel dann immer noch.

Unter Punkt 1.2. „Annual Report" habe ich bereits auf die Bilanzpressekonferenzen hingewiesen, die auch als offizielle Mitteilungen im Wirtschaftsteil oder Regionalteil der Presseorgane erscheinen. Hier ist ebenfalls der fleißige Sammler auf der Überholspur unterwegs, und wenn die aufgeschnappte Information nur für den nächsten Smalltalk reicht, der Ihnen dann aber souverän gelingt, selbst wenn Sie mal den Chef Ihres Gesprächspartners oder den Geschäftsführer der Kundenfirma auf dem Parkplatz treffen.

Noch interessanter als die Tagespresse erscheinen mir allerdings für die Erlangung eines totalen Kunden-Know-hows die Organe der Fachmedien.

1.6. Fachmedien

Einschlägige branchenbezogene Medien sind für den engagierten und erfolgreichen Verkäufer ein Muss. Regelmäßiges Studium vermittelt die neuesten Trends und Entwicklungen in der Branche, zeigt durch aktuelle Artikel und Werbeschaltungen einen Querschnitt über die zu kontaktierenden Partner. In Fachzeitungen wird der Auftritt der Kunden intensiver erlebt. Auch können die Corporate Identity und die Handschrift der Presseabteilung erkannt werden.

Branchenbezogene Medien sind eine Fundgrube für den Aufbau von Kunden-Know-how

Sind Sie als Lieferant oder Dienstleister nur in einer Branche unterwegs und mehr oder weniger abhängig davon, sollten Sie die wichtigsten Fachmedien abonnieren. So versäumen Sie die Neuigkeiten und Trends im Tätigkeitsumfeld nicht, denn Fachzeitungen werden meist nicht im Zeitschriftenhandel vertrieben.

Auch hier sollten Sie einfach den entsprechenden Absatz aus der Zeitung „rausreißen" und archivieren, er kann sich als wertvolle Information für die Kundenakte erweisen. Wenn mal ein Kollege Ihre Urlaubsvertretung übernimmt oder Ihr Nachfolger die komplette Akte weiterführen darf, weil Sie inzwischen infolge besserer Informationsbasis zum Chef mutiert sind: Der Dank für gepflegte Kundenunterlagen ist Ihnen sicher.

1.7. Messen

Stellt Ihr Kunde auf internationalen, nationalen, regionalen oder Hausmessen aus? Auch wenn es nichts Dringendes zu besprechen gibt, planen Sie einen Besuch! Dies zeigt nicht nur Ihr Interesse am Unternehmen, sondern auch Verbundenheit mit Ihrem persönlichen Gesprächspartner.

Darüber hinaus eröffnen Messevisiten u. a. die Möglichkeit, Kontakte in ungezwungener Atmosphäre zu vertiefen oder auch unbefangen mal die Kollegen Ihres Gesprächspartners kennen zu lernen. Oder den Chef, der Ihnen sonst gern vorenthalten wurde. Natürlich ist hierbei Geschick gefragt, bei großem Stress am Stand sollten nicht notwendige (Sitz-)Kapazitäten blockiert werden.

Messebesuche – Fundgrube und Paradies für das Kunden-Know-how

Für den Know-how Suchenden: Ein Messestand ist auch ein Spiegelbild des Unternehmens, es zeigt komprimiert wie auf einem Präsentierteller, ob hier ein souveränes Messemanagement für den CI-gerechten professionellen Auftritt sorgt oder ob die Standcrew schwitzenderweise im Messestress versinkt.

Merke: Messebesuche zählen bei entsprechender Vorbereitung mit zu den ertragreichsten Informationsquellen noch mehr, wenn Sie auch die Gelegenheit nutzen, Wettbewerbsfirmen Ihrer Kunden ebenfalls einen Besuch abzustatten. Just fürs Kunden-Know-how.

1.8. Mitarbeiter

Was wäre eine Firma ohne Mitarbeiter? Es gäbe sie nicht.

Der Mensch im Unternehmen ist (fast) alles, Wissensträger, er macht die Arbeit oder kontrolliert sie und sorgt dafür, das Geld reinkommt. Er begleitet den ganzen Kreislauf, er hat die Erfahrung, er ist der eigentliche Informationsspender schlechthin. Es wäre sträflich, ihn bei der Aufzählung möglicher Quellen als Informant und Wissenstransporter zu vernachlässigen.

Fragen? Fragen! So heißt das Zauberwort – doch richtiges Fragen muss geübt werden! Sonst gibt es Antworten, die nicht gebraucht werden. Hier ist Vorbereitung angesagt, denn die wichtigen Antworten sollte ich schon nach einem Besuch mit nach Hause bringen. Warum also nicht ausschwärmen nach draußen mit einer entsprechenden Frageliste, die vor Ort Punkt für Punkt abgehakt werden kann? Am besten klappt die Informationsrunde natürlich, wenn Kontakt und Chemie stimmen. Daran kann auch gearbeitet werden, beispielsweise indem das „persönliche Kunden-Know-how" aufgebaut wird.

1.9. Wettbewerber

Wie schon im Absatz „Messe" beschrieben, eröffnen Besuche auf Wettbewerbsständen anlässlich von Fachmessen viele Informationschancen. Hier gewinne ich u. a. Aufschluss über Kaufverhalten, Verkaufsrenner sowie die Produktpalette im Benchmark, und das besonders aus Wettbewerbssicht. Für Vergleiche mit Ihrem jetzigen Kunden bietet sich auch die Inaugenscheinnahme der Qualifizierung und Motivation des Wettbewerbspersonals auf dem Stand an.

Wettbewerber ist auf jeden Fall eine Informationschance

Letztendlich wird eine permanente aufmerksame Wettbewerbsbeobachtung helfen, Ihr Kunden-Know-how weiter abzurunden.

1.10. Kunden

Besuche bei Kunden, Abverkäufern und Weiterverarbeitern Ihres Geschäftspartners erhöhen Ihr Kunden-Know-how, denn die Schärfung des Augenmerks auf den Markt Ihres Kunden erlaubt es Ihnen, bei Ihrem Kunden „mitzureden", wenn er über seine Marktprobleme spricht. Ideal sind gemeinsame Reisen mit dem Kunden zu seinen Kunden, Sie lernen dabei sein Operationsgebiet näher kennen und bekommen Informationen aus erster Hand. Diese sind eine hervorragende Grundlage für die weitere Zusammenarbeit, offiziell erworbene Erkenntnisse sind voll einsetzbar, z. B auch bei oft komplexen Preisgesprächen. Die Verkaufspreis-Kalkulation des Kunden wird besser nachvollzogen, was die eigene Preisgestaltung wiederum erleichtert.

Neben dem verbesserten Know-how, das durch gemeinsame Reisen mit dem Kunden erreicht wird, bietet es die Chance, den Kunden Ihrer Kunden durch geeignete Maßnahmen an sich zu binden und damit den Abverkauf der Kundenware positiv zu beeinflussen, was Ihren eigenen Kunden in die Situation des Nachorderns bringt. Win-Win! Betrachten wir die Informationsquellen Kunden und Kundes-Kunden zusammengefasst, zählen diese zu den besten Chancen zum Aufbau des Kunden-Know-hows!

1.11. Lieferanten

Zur Abrundung einer breiten Informationskette können auch Kontakte zu den Lieferanten des Kunden, die andere Produkte liefern, beitragen. Das Wissen, welche Umfänge von wem geliefert werden, kann für das eigene Produktportfolio sehr wertvoll sein, um u. U. sich optimaler zu positionieren. Regen Sie in diesem Fall bei Ihrem Gesprächspartner mal einen „Lieferantentag" an!

Unter Lieferanten-Kollegen bieten sich Ansätze, Synergieeffekte kennen zu lernen oder Möglichkeiten für eine bessere Risikoteilung zu finden. Vielleicht gibt es auch Ansätze im Logistikbereich!? Wenn der Kunde präventiv solche Dialoge unterstützt, wird mit diesem „übergeordneten" Lieferanten-Know-how die eigene Position beim Kunden zementiert. Denken Sie daran, ein Lieferverbund ist nicht so schnell zu eliminieren wie ein Einzellieferant, wenn sich die Wettbewerbslage einmal verschärft.

Vor diesem Hintergrund können Kontakte zur „Lieferantenlandschaft" Ihres Kunden sich u. U. in barer Münze auszahlen. Ein Effekt ist jedoch sicher: In jedem Fall erhöhen Sie Ihr Kunden-Know-how.

2. Kundenorganisation

Erstellen eines Unternehmensorganigramms schafft Transparenz

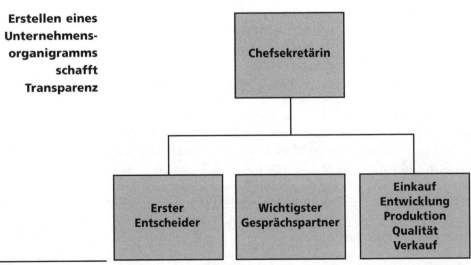

Zum Kunden-Know-how gehören exakte Kenntnisse der Kundenorganisation. Es ist nicht immer leicht, sämtliche aktuellen Organigramme zu erhalten, weil viele Firmen aus Diskretionsgründen oder aufgrund häufiger Änderungen Organisationspläne als vertraulich kennzeichnen und oft nur im eigenen Management verteilen. In solchen Fällen müssen die Einzelheiten in mühevoller Kleinarbeit zusammengetragen werden. Aber für die erfolgreiche Arbeit mit einem Unternehmen ist die intime Kenntnis der Organisationsstruktur essenziell.

Exakte Kenntnisse der Unternehmensorganisation

2.1. Vorstand

Aktiengesellschaften mit mehr als einem Vorstandsmitglied haben in der Regel einen Geschäftsverteilungsplan, in dem festgelegt ist, welches Vorstandsmitglied für welches Vorstandsressort zuständig ist. Die wesentlichen Informationen sind:

Vorstandsvorsitzender
Informationen über den Stelleninhaber; soweit verfügbar, ggf. über das Ressort, wenn er selbst in Personalunion eines verantwortet; alles, was über die Person vorliegt, kann interessant sein. Also notieren Sie es in Ihrer Kundendatei. Egal ob fachliche oder persönliche Vorlieben, dokumentieren Sie es!

Stellvertretender Vorsitzender
Hier gilt die gleiche Vorgehensweise wie bei dem Vorsitzenden. Wenn möglich sollten auch die Beziehungen unter den Vorstandsmitgliedern herausgefunden werden. Wer ist der Meinungsbilder, wer mischt sich z. B. in Beziehungen mit Lieferanten ein etc.

Vorstandsmitglieder
Es gilt das Gleiche. Ergänzend sollte nicht fehlen, welches Vorstandsmitglied später bei einer evtl. Zusammenarbeit mitsprechen wird bzw. in wessen Zuständigkeit Ihre eigene Firma fällt (Informationen über Geschäftsverteilungspläne innerhalb des Gremiums).

2.2. Geschäftsführung

Im Falle einer anderen Gesellschaftsform wie beispielsweise einer Gesellschaft mit beschränkter Haftung (GmbH) haben wir es nicht mit dem Vorstand, sondern mit der Geschäftsführung zu tun. Je nach

Größe und Umfang des Unternehmens gibt es einen Vorsitzenden der Geschäftsführung, einen Stellvertreter und jeweilige Ressort-Geschäftsführer. Die Behandlung dieser Kundengruppe sollte analog in der beim AG-Vorstand beschriebenen Art und Weise erfolgen (siehe hierzu Absatz 2.1. Vorstand).

Fertigen Sie Dossiers für alle relevanten Bereiche an. Selbstverständlich müssen Sie sowohl die Reihenfolge als auch den Umfang der Aufstellung für Ihre Kunden von Fall zu Fall festlegen! Bei kleineren Unternehmen wird die Kundendatei entsprechend dünner sein, da sie sich auf den Inhaber und die wichtigen Mitarbeiter beschränkt. Die nachfolgende Aufstellung zeigt aber, welche Aufmerksamkeit man bei einer größeren Firma dem Thema Organisation widmen kann.

2.3. Einkauf

Zuordnung des Einkaufs im Gesamtunternehmen

Einkaufsleiter, Bereichsleiter, Hauptabteilungsleiter, Abteilungsleiter, Hauptgruppenleiter, Gruppenleiter, Referateleiter, Einkäufer, Einkaufssachbearbeiter, Einkaufsassistent, da gibt es viele Möglichkeiten, unterteilt nach Facheinkäufern, Linieneinkäufern, Baugruppenverantwortlichen usw. Wenn Sie der Kundenverantwortliche sind, setzt hier Ihre erste exakte Arbeit ein. Es ist eminent wichtig, dass Sie bei der Analyse der Zusammensetzung des Einkaufs ganze Arbeit leisten. Sie müssen exakt beschreiben, wer was macht und verantwortet. Nehmen Sie diese Analyse sehr ernst, sie ist entscheidend. Besorgen Sie sich ein Bereichs- und/oder Abteilungsorganigramm; ebenfalls ein übergeordnetes für die ganze Firma, worin die Zuordnung des Einkaufs im Gesamtunternehmen zu erkennen ist. Fügen Sie die Organisationspläne Ihrer Kundenakte bei, informieren Sie auch Ihre eigenen Kollegen und Vorgesetzten über die Zusammensetzung des Kundeneinkaufs.

2.4. Verkauf

Im Verkaufsbereich des Kunden kann man analog zum Einkauf verfahren, vielleicht aber weniger ausführlich. Dies hängt ab von der Ausrichtung einer Firma. Bei Unternehmen, die nicht selbst herstellen und nur Handelswaren anbieten, ist die Kenntnis über den Verkauf sehr wichtig und persönliche Kontakte sind hilfreich. Generell gilt, dass alle unter 2.3. abgehandelten Punkte hier ebenfalls angesetzt werden können.

2.5. Entwicklung

Dieser Bereich/diese Abteilung ist bei produzierenden Unternehmen, Ingenieurbüros oder Dienstleistern besonders wichtig. Sie müssen die Leute persönlich kennen, die die von Ihnen vertriebenen Produkte/ Leistungen verantworten, und sollten diese ausführlich in Ihre Kunden-Informations-Datei aufnehmen. Der/die Sachbearbeiter, deren Gruppenverantwortliche und die jeweiligen Vorgesetzten sind ebenfalls zu listen. Siehe hierzu auch Absatz „Entscheider" oder 2.3. Einkauf. Ein Organisationsplan gehört selbstverständlich zu einer kompletten Akte.

2.6. Personalwesen

Je nach Aufgabenstellung kann es wichtig sein, zum Personalbereich Kontakte aufzubauen, z. B. wenn Sie Dienstleister sind oder Produkte vermarkten, die beim Kunden lohnintensiv weiter veredelt werden. Oder Sie nutzen im Rahmen einer Abverkaufsaktion Ihrer Produkte die Möglichkeit, Incentives für dessen Verkäufer vorzuschlagen, vor deren Einsatz das Personalwesen vielleicht ein Mitspracherecht beansprucht. Der Personalbereich/die Abteilung ist oft für die Meinungsbildung im Unternehmen nicht zu unterschätzen, vorliegende Informationen sollten in der Kundendatei erfasst werden.

Personalleiter sind oft Meinungsbildner im Unternehmen

2.7. Produktion

Der Produktionsbereich Ihres Kunden sollte Ihnen ebenfalls geläufig sein. Wenn Sie ein Lieferant sind, werden Sie vielleicht in der Anlaufphase eines Neuprodukts am Produktionsband des Kunden stehen, um begleitende und vertrauensbildende Maßnahmen einzuleiten. Je nach Branche kommen Sie also um Wissensermittlung über die Zusammensetzung dieses Umfelds nicht herum.

2.8. Qualitätsmanagement

Hier gilt 1:1 das bei 2.7. Produktion aufgeführte Modell. Zusätzlich kann es sein, dass der Kunde Sie mit Lieferantenaudits zertifiziert. Es wird Ihnen die Zusammenarbeit erleichtern, wenn Sie vorher entsprechende Daten und Kenntnisse über diesen Kundenbereich und dessen Mitarbeiter zusammengetragen und dokumentiert haben.

2.9. Sonstige Bereiche

Je nach Branche und Größenordnung des Geschäftsumfangs zwischen Kunden und Lieferant können sonstige interessante Bereiche innerhalb der Organisation des Kundenunternehmens beispielsweise die Kalkulationsabteilung, das Umweltmanagement und die Buchhaltung sein. Wenn Sie mit diesen Bereichen und Abteilungen in Berührung kommen, empfehle ich Ihnen hier eine ähnliche, evtl. abgespeckte Vorgehensweise, wie sie bei den zuletzt genannten Abteilungen beschrieben wurde. Sodann sollten Sie die erhaltenen relevanten Informationen für alle Bereiche in Ihre Kundendatei übernehmen.

3. Gesprächspartner

Vom „Partner" zum „Freund"

„Partner" ist ein Wort, das in den letzten 2 bis 3 Jahrzehnten auch im Geschäftsleben Einzug hielt, kräftig bemüht und genutzt wurde und deshalb heute etwas abgegriffen wirkt. Besser als der Begriff „Gesprächspartner" wäre wohl der „Gesprächsfreund". Aber jeder, mit dem Sie sprechen, ist oder wird nicht zum Freund. Doch wir können daran arbeiten, dass er sich freundschaftlicher oder wohlgesonnener verhält. Dann wird er unsere Fragen genauer beantworten und schließlich unser Angebot akzeptieren.

Bevor wir uns mit dem Prozess der Beziehungsentwicklung auseinandersetzen, wollen wir aber erst einmal die verschiedenen Gesprächspartner bei unserem Kunden definieren. Folgende Reihenfolge der Gesprächspartner schlage ich vor, wiederum vorausgesetzt, es handelt sich um einen größeren Kunden. Anzahl und Reihenfolge der Personen auf Kundenseite in der Liste bestimmen natürlich Sie persönlich!

3.1. Wichtigster Gesprächspartner

- **Wer** ist der wichtigste Gesprächspartner bei Ihrem Kunden?
- **Wer** ist für **Sie persönlich** der wichtigste Gesprächspartner beim Kunden?
- Ist es ein und dieselbe Person?
- Ist diese Person der **Entscheider?**

Hier gilt, es kann sein, muss aber nicht!

Ich definiere den „Wichtigsten Gesprächspartner" wie folgt: Es ist die Person, die Sie „rein"bringt, und es ist die Person, die Sie „drinnen"hält. Die Person kann im Laufe des Geschäftsprozesses wechseln. Es ist oftmals der Einkäufer, ein Entwickler oder auch mal ein Verkäufer, Letzteres insbesondere bei Handelsunternehmen.

Definieren Sie Ihre Nr. 1 beim Kunden, damit Sie sich voll und ganz auf ihn einstellen können.

3.2. Erster Entscheider

Neben dem wichtigsten Gesprächspartner kommen sicher einige weitere, die Ihnen wichtig erscheinen, doch schon im Vorfeld sollten Sie bei Ihren Kontakten mit dem wichtigsten Gesprächspartner oder auch anderen Personen herausfinden, wer entscheidet, ob Sie den Auftrag erhalten.

Identifizieren Sie rechtzeitig diese Person, um zu prüfen, ob ein persönlicher Kontakt in der frühen Phase der Akquisition notwendig wird. **Identifikation des Entscheiders**

Verlassen Sie sich nicht auf „gute Kontakte" oder „klimatische Gespräche" mit Ihren Gesprächspartnern und wähnen Sie sich infolge „positiver Signale" nicht bereits auf dem Königsweg. Wenn der Tag der Kundenentscheidung naht, fallen manche Verkäufer aus allen Wolken, weil mit „einmal" ein Konkurrent zum Zuge kommt. Der Verkäufer spricht daheim dann oft von „überraschenden Dumpingpreisen eines Wettbewerbers". Dabei hat er nur nicht aufgepasst.

Zu den wichtigsten Elementen des Kunden-Know-hows gehört die genaue Kenntnis der richtigen Gesprächspartner. Dies mindert die Gefahr, zu viel Zeit in eine Akquisition zu stecken, deren Ausgang eher zweifelhaft ist, was Sie bei rechtzeitiger Kontaktierung aller relevanten Personen früher erfahren hätten. Wie fühlen Sie sich, wenn Ihnen Ihr wichtigster Gesprächspartner erst zu einem zu späten Zeitpunkt sagt, „dass Herr X das so entschieden hat", und Sie kennen Herrn X gar nicht!? Es fallen Ihnen sicher einige freundliche Ausdrücke ein.

Für den Rest Ihrer Gesprächspartner beim Kunden gilt im Prinzip die gleiche Vorgehensweise wie beim ersten Entscheider in jeweils sinnvollen Abstufungen. Die genauen Kenntnisse über alle Personen und ein entsprechender Kontakt zu diesen geben Ihnen rechtzeitig Kenntnis von eventuellem Sand im Getriebe. Damit gewinnen Sie wertvolle Zeit für Gegensteuerungsmaßnahmen.

Beispiel für die weitere Reihenfolge von Gesprächspartnern, geordnet nach Wichtigkeit:

 **Zweiter Entscheider**

 **Die Sekretärin**

 **Weitere wichtige Gesprächspersonen**

 **Netzwerk/Beziehungen**

3.3. Der Gesprächspartner in der Kundendatei

Dokumentation von Prozessfortschritten und Personen

Wenn Sie sich über Ihre Personen-Hitliste klar sind und die einzelnen Prozessfortschritte pro Nase in geeigneter Form dokumentieren, sind Sie im Kundenunternehmen „ganz gut unterwegs". Auf der Basis vielfältiger und durch Sie selbst strukturierter Kontakte und deren Informationen fühlen Sie sich sicher, alles zu erfahren, was für Ihren Erfolg bei dem Kunden wichtig werden könnte.

Für die Führung einer Kladde mit den einzelnen Personen gibt es viele Möglichkeiten. Die Methode sollte jeder nach seinen Neigungen bestimmen, es gibt hier auch verschiedene Anregungen in Fachpublikationen. Im Zeitalter der Notebooks empfiehlt sich natürlich dieses vielseitige Instrument als hervorragend.

Bedenken Sie aber bitte, dass es unhöflich ist, dem Gesprächspartner über den Rand einer Brille oder eines Notebooks in die Augen zu sehen. Eine Karteikarte ist hier eher unauffälliger, aber heute oft megaout. Generell sollte man vor dem Gespräch mit dem Kunden nachsehen, welche Besonderheiten beim Gesprächspartner vorliegen.

Was im Einzelnen sollten Sie über Ihre Gesprächspartner notieren? Am Anfang wird es eher mehr sein, später weniger. Gründe hierfür sind, dass sich nach näherem Kennenlernen einer Person erst einmal herausstellt, was wirklich wichtig und beachtenswert ist und was vernachlässigbar ist. Also sollte die Maxime am Anfang einer Zusammenarbeit sein:

Welche Informationen zu meinem Gesprächspartner sind besonders wichtig?

> **„Mehr ist mehr und damit besser."**

Beispiele für Inhalte Ihrer persönlichen Gesprächspartner-Datei finden Sie hier:

Person:
Name, Standort, Privatadresse, Telefon, Mobiltelefon, Fax, E-Mail, ggf. alles auch privat. Dasselbe von der Sekretärin/Assistentin oder seinem Vertreter oder Kollegen.

Position:
Welche Funktion übt der Gesprächspartner genau aus, wie lange hat er sie inne und was sind wohl die nächsten Entwicklungsschritte, die er nehmen könnte? Zeitliche Gewohnheiten und Präferenzen, wann ist die beste Zeit für Anrufe und Besuche, wann will er nicht gestört werden, wann geht er zu Tisch etc.

Historie:
Was hat er vorher im Unternehmen oder beim vorherigen Arbeitgeber gemacht, wie lange ist er da, was hat er studiert etc.

Stellenwert, Machtbefugnis, Akzeptanz:
Wie ist der Gesprächspartner im Unternehmen und in seinem nächsten Umfeld eingebunden, wie wird er eingeschätzt, gesehen, geachtet?

Charakter:
Wie sehen Sie ihn, wie wird er von Dritten beschrieben (Vorsicht: So etwas fragt man nicht ab, so etwas hört man!).

Abhängigkeiten, Netzwerk:
Wie steht die Person im Umfeld da? Wem hört er zu, wer hört ihm zu? Wie steht es mit seinem Netzwerk? Wer arbeitet z. B. mit ihm, er mit wem abteilungsübergreifend zusammen. Wo laufen offiziell oder aufgrund vorhandener Kontakte Entscheidungen an Strukturen vorbei oder werden vorbereitet?

Persönliches:

Private Vorlieben – z. B. Ess-, Trink- und Rauchgewohnheiten, Besonderheiten.

Familie – Frau, Freundin, Kinder, was immer da an Informationen kommt, sollte notiert werden.

Urlaub – wie oft, bevorzugte Domizile, Sprachen, nächste Pläne.

Hobbys – allein, mit wem, wie oft, wie stark ausgeprägt, Stellenwert. Beispiele: Antiquitäten (Aktion: Zeitungsausschnitte über Auktionen, Werbung von Antikmessen oder Shops sammeln, mitnehmen und überreichen), Modelleisenbahnen, Kleintierzüchter, Chorsänger, Musikinstrumente, Tänzer, Hobbygärtner, Philatelist, Foto- und Filmamateur, Bildhauer, Maler, Autorennen, Formel 1, Deutsche Tourenwagen Meisterschaften usw. (Aktion: navigieren, lesen, sammeln, rausreißen, mitbringen, ansprechen).

Sport – Tennis, Tischtennis, Golf, Squash, Badminton, Fußball, Handball, Basketball, das war jetzt alles mit Ball, denken Sie auch an die Sportarten ohne Ball ...

Vorsicht vor Meinungsäußerungen zu heiklen Themen wie Politik und Religion

Einstellungen – zu Politik, Religion, Gesellschaft, Wissenschaft, Kunst, Kultur, Sport etc.

Bei dem letztgenannten Thema ist äußerste Vorsicht geboten. **Ihre eigene Meinung ist hier weniger gefragt,** dies gilt insbesondere für Politik und Religion, vergessen Sie das nie!!! Es empfiehlt sich dringend, zu solchen Gesprächen mit seiner Meinung hinter dem Berg zu halten, bis Ihr Gesprächspartner eindeutig selbst mit seiner Einstellung herausrückt.

Sollte Ihr Gesprächspartner Sie dennoch einmal fragen, um Ihre Einstellung kennen zu lernen, z. B. *„Was halten Sie vom neuen Bundeskanzler"*, empfiehlt es sich, entweder einen lockeren aber seriösen Spruch anzubringen oder wortreich eine ausweichende Antwort anzustimmen. Beispiel: *„Ja, ich persönlich erwarte mir natürlich immer eine Verbesserung, meine Frau sagt immer, wenn die Preise nicht bald sinken, kann ich mir keine Designermodelle mehr kaufen. Dann habe ich zu Hause schlechte Stimmung. Wer will das schon?"* Während Sie diese Kurve fliegen, müssen Sie ihn genau beobachten. Erhellt sich sein Gesicht oder verdunkelt es sich? Wichtig wäre, dass er jetzt bald irgendetwas sagt,

Sie müssen ihn nun zu einer Äußerung animieren, damit Sie gefahrlos weiterreden können.

> **Schreiben Sie alles auf, was Ihnen zur Einstellung eines wichtigen Gesprächspartners ein- und auffällt.**

Gewöhnen Sie sich an, Informationen zu registrieren und zu dokumentieren. Damit bewegen Sie sich bei künftigen Kontakten selten auf dem Eis und argumentieren souverän mit Ihrem Partner. Niemand kann alles im Kopf behalten! Sind aber solche „wichtigen Nebensächlichkeiten" wie des Kunden Einstellung zu politischen oder gesellschaftlichen Themen sauber abgespeichert, ist Ihr Kopf frei für die volle Konzentration auf die große Linie – die positive Geschäftsentwicklung!

4. Smalltalk

4.1. Die Punktlandung

Eigene Erfahrung lehrte mich über viele Jahre, wie ich mir den Start eines Kundengesprächs erleichtern kann. Außerordentlich hilfreich für ein gutes Gespräch ist es, wenn schon der Einstieg ins Gespräch, das Aufwärmen, der Smalltalk, ein Volltreffer wird. Bei dieser oft unterschätzten Gesprächsphase gehört nichts auf den Tisch, was dem Kunden nicht schmeckt. Klappt der Start dank der richtigen Zutaten, wird sie/er aufmerksam und aufnahmebereit, meist auch froher gelaunt. Gestalten Sie schon den Einstieg origineller, als es die meisten tun. Seien Sie hier schon „anders als alle anderen". So banal es klingen mag – verschenken Sie nicht diese einfache Chance!

Volltreffer beim Smalltalk ist besserer Gesprächseinstieg

In diesem Zusammenhang verwende ich gerne den Begriff Punktlandung. Wenn Sie genau des Kunden Neigung kennen und sein Lieblingsthema aufgreifen, kommt die Spannung auf, die für jeden weiteren Dialog förderlich ist. Unverfängliches oder Allgemeinplätze sind langweilig und können sich als unliebsame Zeitkiller gar negativ auswirken. Auf keinen Fall sind sie zielführend für den Aufbau eines fruchtbaren und zielgerichteten Kundengesprächs. Also, wenn Sie es (noch) nicht wissen, finden Sie es heraus: Was ist sein liebstes Kind?

Auch der Smalltalk will gut vorbereitet sein

Für was begeistert sich Ihr Gesprächspartner? Wofür engagiert er sich, z. B. im privaten Umfeld?

Wenn Sie seine Vorlieben kennen, fahren Sie mit eingeschaltetem Radar durch die Medien und werden sicherlich auch fündig. Das Querlesen – wie schon unter Punkt 1.5. beschrieben, fördert immer etwas zu Tage, das zum Thema passt und aktuell genug ist, um es dann in diesem vermeintlich unwichtigen Gesprächsteil zu lancieren.

Setzen Sie das Gefundene geschickt ein, fühlt sich Ihr Gegenüber wichtig, angenehm und komfortabel. Meist nimmt er den Gesprächsfaden dankbar auf, schließlich kann er mal wieder über etwas sprechen, das ihm Spaß macht. Sprechen Sie nicht auch gerne über etwas, das Ihnen Spaß macht? Was glauben Sie, wie gut auch ein anspruchsvoll und schwierig thematisiertes Gespräch ablaufen kann, nur weil die Chemie und das Klima stimmen!

Merke: Es lohnt sich, bevor Sie in den Smalltalk gehen, etwas Zeit in die Vorbereitung zu investieren und das Vorgeplänkel nicht nur auf sich zukommen zu lassen! Es kann Ihr Türöffner sein.

Wie wichtig die Vorbereitung eines Gespräches sein kann, sollen folgende Beispiele verdeutlichen.

4.2. Beispiel: Bayern gegen Werder

Stellen Sie sich vor, es ist Montag. Sie haben heute Abend eine Verabredung mit einem Versicherungsvertreter, den Sie nicht persönlich kennen. Der Termin kam zustande in Folge einer angekündigten Prämienerhöhung zum Jahresende. Sie haben bereits schriftlich reklamiert. Darauf hat Sie der zuständige Vertreter, Herr Günther Netzer, angerufen und zu Ihrem Leidwesen davon überzeugt, das ein Besuch notwendig ist, um die Angelegenheit abschließend zu behandeln.

Kunden-Know-how richtig einsetzen

Schon mit Widerwillen sehen Sie dem Gespräch entgegen, Sie wollen es hinter sich bringen. Sie haben maximal eine halbe Stunde vorgesehen, da Sie am späteren Abend noch eine reizvollere Verabredung haben. Herr Netzer stolpert herein und poltert gleich mit dem Thema Fußball los. Aber volle Kanne! Denn welcher Mann schwärmt nicht für Fußball? *„Mensch, haben Sie das gesehen vorgestern?"* Begeistert erzählt er Ihnen vom Spiel Bayern gegen Werder letzten Samstag, lässt Sie teilhaben an seinen Schiedsrichterbeschimpfungen und an dem Abseits, in dem das letzte Tor fiel. Sie hören gezwungenermaßen zu, wollen nicht unhöflich sein. Er interpretiert Zustimmung an seinen Ausführungen in Ihr Verhalten, fühlt sich ermuntert, angespornt und steigert sich sogar noch. In seinem Elan lässt er Ihnen keine Chance, ihn auf den Umstand hinzuweisen, dass er eigentlich einen Fußballmuffel vor sich hat. Ebenso wollen Sie dringend anbringen, dass Sie auf dem Sprung sind, da Ihre Freundin in weniger als einer Stunde durch diese Tür kommt und Sie noch gar nicht in Schale sind, was immer im Stress endet. Sie wollen nämlich gemeinsam in die Oper gehen. Da gibt es heute statt Fußball den „Maskenball" und Sie wünschen sich nur noch eins: Herr Netzer möge doch endlich auf den Punkt kommen, und zwar zügig ...

Doch er hört nicht auf und Sie sitzen zunehmend auf Kohlen. Sie sind nicht nur ungeduldig, sondern nur noch sauer. Kennen Sie das? Haben Sie schon mal erlebt, wenn Sie jemand so richtig nervt mit einem Thema, **das ihn begeistert, aber nicht Sie?**

Zurück zum heutigen Abend – wie geht es wohl aus? Wenn Netzer die Kurve nicht kriegt, beenden Sie das Gespräch noch während der Ihnen zur Verfügung stehenden Zeit und komplimentieren ihn hinaus. Sein (und Ihr) Anliegen muss nochmals aufgegriffen werden, für beide Seiten Zeitverschwendung und unangenehm. Wenn beim zweiten Versuch wieder Herr Netzer erscheint, kann er bei Ihnen schon eine tolle Erwartungshaltung voraussetzen.

Wie hätte es laufen können?
Bei entsprechendem Kunden-Know-how hätte ein informierter Herr Netzer gewusst, das Ihnen Fußball relativ gleichgültig ist. Idealerweise hätte er bei der telefonischen Terminvereinbarung gefragt, wie viel Zeit für das Gespräch vorgesehen ist, und so erfahren, dass Sie anschließend in die Oper gehen. Um ein günstiges Gesprächsklima für sein Anliegen zu schaffen, hätte er Ihnen z. B. von der gleichen Opernaufführung eine Kritik mitbringen können oder eine Information über das hervorragende Ensemble. Damit wird noch die Vorfreude gesteigert! Unter solch günstigen klimatischen Umständen wäre dann vielleicht innerhalb des zur Verfügung stehenden Zeitrahmens eine abschließende Behandlung des Versicherungsthemas möglich geworden. Auf jeden Fall hätten Sie deutlich entspannter in Ihrem Sessel gesessen! Also: Netzer hat es gründlich vermiest, weil er kein Kunden-Know-how hatte.

4.3. Beispiel: Kennen Sie Cornwall?

Denken Sie noch an letzten Dienstag? Da haben Sie den introvertierten Herrn Schweigsam getroffen, Chefeinkäufer bei Ihrem wichtigsten Kunden. Doch diesmal kam er endlich, der Wink mit dem Zaunpfahl, auf den Sie schon lange gehofft und hingearbeitet (gefragt) haben.

Cornwall lautet die Losung, die Herr Schweigsam nach mehreren Fragen Ihrerseits als nächstes Urlaubsziel herausließ. Seine Frau schwärme so davon, dort sei es doch wunderschön, das schrieb doch schon Rosamunde Pilcher. Und der Golfstrom mache es doch ordentlich warm, selbst am Atlantik, oder?

Also wenn Sie jetzt noch nicht selbst dort waren, was ich Ihnen übrigens als lohnendes Ziel nur wärmstens empfehlen kann, heißt es jetzt aber ran an das Thema. Noch am selben Abend rein ins Internet und bei nächster Gelegenheit ins Reisebüro. Ab jetzt schwärmen Sie auch für die Skilly-Inseln, den herrlichen Sandstrand zwischen den pittoresken Felsen um Lands End, den südwestlichsten Punkt des ganzen Königreichs. Und Sie freuen sich wie ein Schneekönig auf nächsten Dienstag: Da treffen Sie Herrn Schweigsam wieder und werden hoffentlich erleben, dass er weitaus weniger schweigsam ist, als Sie ihn kennen. Er bedankt sich nämlich für die tollen Prospekte, die Sie mitgebracht haben. Die knallen Sie ihm nicht einfach auf den Tisch, sondern erzählen ihm kompetent, dass der weltberühmte Klosterberg Mont-Saint-Michel an der französischen Atlantikküste einen fast ebenbürtigen Gegenpol in Cornwall hat! Genau auf der anderen Kanalseite liegt nämlich der St. Michaels Mount, nicht weniger schön, doch weniger berühmt. Nun hat Herr Schweigsam bei Ihnen aber bereits das Bild gesehen und kann dank Ihrer Hilfe seiner Frau bereits konkrete Reisetrips vorschlagen.

Und by the way – vielleicht gefällt Ihnen das Land auch und Sie können sich begeistern. Und wer begeistert ist, der redet ganz anders über das, was ihn begeistert. Begeisterung schauen wir uns am besten bei den Kindern ab, die verstehen was davon, da geht die Post ab.

Typgerechte Ansprache macht aufgeschlossener

Können Sie sich vorstellen, dass, wenn Sie es geschickt (typgerecht) anfangen, Herr Schweigsam aufgeschlossener und gesprächiger Ihnen gegenüber werden kann, wenn Sie mit einem Thema auf den Punkt treffen?

Sie bieten ihm im vorliegenden Fall zielgerichtete Hilfe an, die selten abgelehnt wird. Das ist verbindlich und wird nicht als aufdringlich empfunden, wenn Sie es passend an den Mann oder die Frau bringen.

Was ist dagegen ein unpersönliches Werbegeschenk aus dem Katalog, den er als Einkäufer ebenfalls zugeschickt bekommt und die Einkaufspreise nachvollziehen kann?

Schaffen Sie sich eine Informationsbasis, **Kunden-Know-how,** nutzen Sie es, indem Sie nur noch **Punktlandungen** machen. Dann wird sich Ihre Kundschaft auf die Gespräche mit Ihnen freuen und Sie sind prädestiniert für erfolgreiche Verkäufe.

4.4. Beispiel: Das Collier für Venedig

Wie gut kennen Sie Ihre Frau? Oder für die weiblichen Leser – was wissen Sie über die Wünsche Ihres Mannes oder Partners? Denken Sie mal an den nächsten Geburtstag Ihrer Gattin, wann war der noch? Richtig, das wissen Sie auf Anhieb. Doch dieses Mal ist es ein runder, denn Ihre bessere Hälfte nähert sich bereits zum zweiten Mal der gleichen magischen runden Zig-Zahl. Ein tolles Fest steht ins Haus. Nächsten Samstag ist es so weit; die Gestaltung des Abends im Restaurant Ihrer Wahl haben Sie als vielbeschäftigter Reisender gleich den Profis überlassen. Die Speisenfolge legte der befreundete Gastronom fest, die Gästeliste wurde zwischen „der besten Freundin" Ihrer Frau und Ihnen diplomatisch abgerundet. Am Abend wird es ebenso festliche wie langweilige Reden geben, aber Sie haben sich vorgenommen, Ihre Liebe und Sympathie zu Ihrer Frau vor der Festversammlung zu bekunden. Sie überreichen das persönliche Geschenk. Und sollte ihr die ehrliche Freude und Überraschung anzusehen sein?

Und ob, denn in diesem Fall haben Sie ein Heimspiel, Sie haben ein riesiges Portfolio an Kunden-Know-how, aus dem Sie schöpfen können. Also haben Sie sich die Gedanken idealerweise rechtzeitig gemacht und sind optimal vorbereitet. Da war nämlich mehrfach der Spaziergang durch die Goethestraße, vorbei an dem niedlichen kleinen Geschäft dieser ebenso weltberühmten wie preisgünstigen Juwelierskette, die überall auf der Welt, wo die Reichen und Berühmten zu Hause sind, ihre Filialen eröffnet hat. Das fette Collier, das ihr so gefällt, liegt dummerweise wie Blei im Schaufenster, jetzt führt kein Weg mehr daran vorbei.

Und – Sie wissen es noch wie gestern, obwohl es Jahre zurückliegt: Nach der Hochzeit konnten Sie die Wunschreise nicht antreten. Doch – seit Jahren läuft in unangenehmer Regelmäßigkeit im Fernsehen die Serie mit diesem Commissario nach den Büchern von Donna Leon, der in der unvergleichlich schönen Lagunenstadt Venedig ermittelt. Mit zunehmend schlechtem Gewissen sitzen Sie dann jeweils neben Ihrer Frau in der Hoffnung, dass nicht wieder die Diskussion startet, wann die Hochzeitsreise nachgeholt wird, kaum dass der Mörder verhaftet ist. Das Hotel stand ja schon damals fest, schließlich ist es der Traum aller Jungverliebten, wenn sie denn betucht sind, das „Danieli" zu wählen. Direkt neben dem Dogenpalast an der Piazza San Marco gelegen wird der Kopf nur vom Kissen gehoben, um auf den eindrucksvollen Canal Grande und das traumhafte Panorama der gegenüberliegenden Prachtpalazzos zu sehen.

Das Collier für Venedig wird Ihrer Gattin und Ihnen einen unvergesslichen Samstagabend bescheren, weil Sie dank Kunden-Knowhow eine Punktlandung hinlegen. Die neu gewonnenen Punkte auf Ihrem persönlichen Punktekonto bei Ihrer Gattin dürften locker auch den nächsten Samstag überstehen, selbst wenn Ihre Frau den Abend allein mit Thomas Gottschalk bei „Wetten das...?" verbringt ...

Die Moral von der Geschichte? Wissen wir, wie wir eine persönliche Freude bereiten können, können wir damit viel erreichen. Wenn wir einem Kunden einen persönlichen Wunsch erfüllen, wird er auch die eine oder andere Kröte schlucken. Zuckerbrot und Peitsche! Aber die richtigen Informationen sind Voraussetzung dafür, dass die „Mischung" stimmt.

Die kleinen und die großen Wünsche des Kunden kennenlernen

Vorschlag:
Schaffen wir eine ähnlich positive Ausgangslage für unsere Kunden-Gesprächspartner wie im dritten Beispiel. Kennen wir die kleinen und großen Wünsche unserer Kunden, können wir uns darauf einstellen, unseren Gesprächspartner beim Erreichen seiner Ziele und Wünsche zielführend zu unterstützen. Je mehr Wissen wir um seine Wünsche haben, desto mehr wird er unser persönliches Anliegen erkennen, ihm persönlich zu helfen. Wir meinen es ernst mit ihm!

5. Schlüsselfaktoren

5.1. Was ist ein Schlüsselfaktor?

Es war einmal ... viele, viele Jahre ist es her, da nahm ich als junger und wütender Verkäufer an einem Seminar teil. Der Kursleiter war einer von der drastisch-spontanen Art. Er bat mich nach vorne, wo ich vor den anderen Seminarteilnehmern stehen musste. Dann stellte er mir exakt die obige Frage.

Ich stammelte etwas hölzern und theoretisch über wichtige Kenntnisse, die man über die Kundenwünsche haben müsse, über notwendiges Produkt-Know-how, das halt „key" sei ...

„Alles Quatsch", fiel er mir ins Wort. Ich gehörte damals zu den „Klinglern", ich trug einen dicken Schlüsselbund am Gürtel, das war gerade „in". Es hatte etwas vom Gefängniswärter, aber da war alles dran, Auto, Haus, Büro, Briefkasten usw., alle Schlüssel. Die zu verlieren, wäre eine Katastrophe. Ein weiterer Effekt des Klingelns: Bei Besuchen eilte die Geräuschkulisse als Warnung immer voraus.

„Alles Quatsch", sagte der Trainer, griff mit einer schnellen Bewegung an meinen Gürtel, packte geübt die Klammer mit dem Schlüssel und warf ihn in hohem Bogen aus dem Fenster. Ich habe später überlegt, ob der das bei Winterseminaren und geschlossenen Fenstern auch so macht.

Dann sagte er, die gute Nachricht sei, das draußen kein Wasser ist, sondern der Hof mit weicher Aschenbahn. Was hätte ich im anderen Fall getan? Total aufgeschmissen wäre ich gewesen. Es war sein drastischer Versuch, uns klarzumachen, dass ein „Schlüsselfaktor", der nicht gekannt, erfüllt oder beherrscht wird, ziemliche Probleme aufwerfen kann. Also: Ohne die geht es nicht!

Ohne die Kenntnis von Schlüsselfaktoren geht es nicht

Genauso wenig kommen wir ohne relevante Kundeninformationen aus. Richtige Entscheidungen setzen nun mal zuverlässige Daten voraus.

Wie verschaffe ich mir auf einen Blick eine Übersicht darüber, ob ich alle Kundendaten beisammen habe oder ob noch Informationen erforscht werden müssen?

5.2. Das „Know-how-Rad"

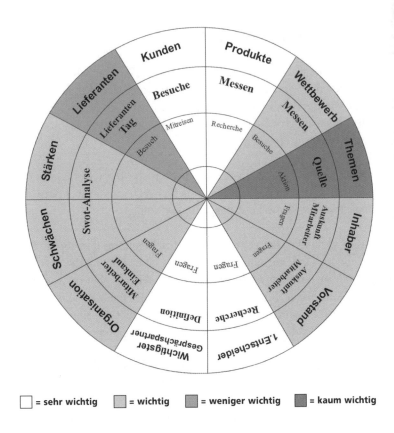

☐ = sehr wichtig ☐ = wichtig ☐ = weniger wichtig ■ = kaum wichtig

Das Know-how-Rad kann als visuelles Instrument dienen, einen Schnellcheck über Ihr Kunden-Know-how durchzuführen. Es zeigt auf den ersten Blick, in welchem Segment Ihres persönlichen Kunden-Know-hows Sie noch Defizite aufweisen. Haben Sie beispielsweise in den roten „Mussfeldern" nicht alle wesentlichen Informationen hinterlegt, sollten Sie versuchen, diese dringend zu erlangen. Das Know-how-Rad ist leicht anzulegen und in der Kundendatei abzuspeichern. Meine Empfehlung ist, eine solche oder ähnliche Unterlage wie das Know-how-Rad für alle Ihre Kunden anzufertigen, besonders, wenn Sie mit einem Neukunden starten und noch nicht alle Felder ausfüllen können.

6. Fazit

Kunden-Know-how besteht aus vielen Einzelinformationen.

Sie müssen **gesucht, geortet, gesammelt, gewichtet** und in geeigneter Weise **dokumentiert** werden. Ebenfalls muss die laufende Pflege sichergestellt werden.

Es gibt Sachinformationen und persönliche Informationen, beide sind gleich wichtig, auch wenn dies oft in Zweifel gezogen wird. Doch um mit einem Menschen erfolgreich zusammenzuarbeiten, muss mit ihm klargekommen werden. Eine Maßgabe, die sich bis auf ganz wenige Glücksfälle nur unter Abdeckung beider Felder erreichen lässt.

Umfassendes Kunden-Know-how umfasst persönliche und Sach-Informationen

Um dies erfolgreich und mit angemessenem Aufwand zu erreichen, muss das Kunden-Know-how so zusammengestellt werden, dass es die für den erfolgreichen Geschäftsbetrieb relevanten Inhalte bereithält. Ballast kann nach und nach abgeworfen werden, wenn die wichtigen Dinge herausselektiert werden. Der Umfang ist – wie bereits erwähnt – von Kunde zu Kunde unterschiedlich.

Doch einmal muss er von Ihnen persönlich festgelegt werden. Danach folgt die Dokumentation. Abgespeichert und bei Bedarf blitzschnell eingesetzt, bewähren sich die Instrumente. Nebenbei bemerkt: Zum Glück arbeiten nicht alle so, es bestehen somit berechtigte Hoffnungen, noch viele ungenutzte Potenziale auszuschöpfen.

Auf den vorangegangenen Seiten wurden Wege des Sammelns beschrieben, es wurden Beispiele zur Veranschaulichung gebracht. Jedoch bleibt genug Raum für den Einsatz individueller Methoden, die Ihren eigenen Neigungen und ihrem Typ entgegenkommen. Essenziell ist eine adäquate Kundeninformations-Unterlage.

Verkaufserfolge in der heutigen Zeit sind differenzierter geworden. Wer erfolgreich sein will, muss sich abheben, herausragen. Niemand ist allein auf der Welt, Konkurrenz ist allgegenwärtig. Wachstum in den Märkten ist nur noch in Nischen vorhanden, oft muss qualitatives und nicht quantitatives Wachstum angestrebt werden. Statt einfach mehr zu verkaufen, sind andere, deckungsbeitragsstärkere Produkte anzubieten und der Produkt-Mix zu optimieren.

Klingt das zu pauschal und empfinden Sie es als zu allgemein? In meinem Vorwort („Einleitung") habe ich Sir Francis Bacon zitiert mit seinem Satz „Wissen ist Macht". Vor dem Erfolg muss ich mich aufstellen, positionieren. Wo, wie und wann, kann ich erst festlegen, wenn meine Informationsbasis stimmt; Kunden-Know-how steht vor dem Erfolg, am Anfang steht das Wissen.

„Klasse" vor „Masse" entscheidend

Im Vorwort wurde erwähnt, dass die richtige Zusammenstellung von Wissen zu beachten ist, Klasse vor Masse also. Wir haben auch gelesen, dass beim Neustart mit einem Kunden oft mehr an Informationen zusammengetragen werden muss und nach und nach selektiert und auf die wesentlichen Daten reduziert werden kann.

Schauen Sie sich Ihr persönliches Know-how-Rad an. Füllen Sie es aus: erst rot, dann gelb und dann grün ... haben Sie alles beisammen, sollte es wie von selbst gehen. Im Prinzip ist es wie bei einer Verkehrsampel. Wenn es grün ist, besteht keine Gefahr mehr: Go!

Was bringt uns das Mehr an Wissen?

**Wir sind
informierter als andere!**

**Und damit
treffsicherer als andere!**

**Die Schnellen schlucken die Langsamen:
schneller als andere!**

**Und damit
erfolgreicher als andere!**

**Erfolge ziehen Erfolge nach sich!
Erfolgreiche sind begeistert**

und begeistern andere!

Also:

Lebe begeistert und gewinne!

Kurzprofil Trainer

Roland Strauß

Roland Strauß
Konrad-Adenauer-Straße 11
97273 Kürnach-Würzburg

RolandStrauss@
coaching-concepts.de

www.coaching-concepts.de

Kommunikation, das offene Fenster zu unserer und zur Persönlichkeit unseres Gegenübers, ist ein machtvolles und befriedigendes, aber ein nur wenig professionell genutztes Werkzeug.

Sich selbst anderen verständlich machen und den Gesprächspartner bis auf den Grund verstehen zu können ist die Grundlage für erfolgreiches Führen von Mitarbeitern und Kunden und erhöht den Einfluss auf andere immens.

Roland Strauß, Vertriebsprofi und Trainer, ist Spezialist für Lösungen von Vertriebsproblemen und deren Umsetzung in die Realität.

Kommunikation – das ERLEBEN des Gesprächspartners

Roland Strauß

1. Einleitung

Sinnvolle und klare Kommunikation ist natürlich ein wesentlicher Bestandteil des Kunden-Coaching. Kommunikation ist aber noch viel mehr! Wir kommunizieren ständig und beeinflussen damit unsere Mitmenschen. Und werden selbst beeinflusst. Es ist ein mächtiges Werkzeug, das unseren beruflichen Erfolg sichern hilft, indem wir unsere Kunden, Kollegen, Mitarbeiter und Vorgesetzten verstehen lernen und umgekehrt. Und, richtig angewendet, uns ebenso im privaten Bereich zu einem positiven Image verhilft.

Kommunikation ist ein Prozess zwischen zwei oder mehreren Menschen, in dem Nachrichten von einem Sender zu einem Empfänger gelangen, von diesem aufgenommen werden und eine Wirkung/Reaktion entsteht. Aber nicht nur der Inhalt, sondern auch die Art und Weise der Verständigung und Mitteilung gehören zum Kommunikationsprozess dazu. Das ist nichts Neues, werden Sie jetzt wohl denken. Fakt ist jedoch, dass Sie überrascht davon wären, wie wenig von dem, was Sie über Sprache, Mimik und Gestik dem Gegenüber an Inhalt und Gefühl vermitteln wollen, auch wirklich ankommt und verstanden wird und umgekehrt! Deshalb ist es im Kontakt mit Kunden besonders wichtig, da üblicherweise nicht viel Zeit zur Verfügung steht, „richtig" zu kommunizieren.

Mit Kunden richtig kommunizieren

Wie setzen wir Kommunikation BEWUSST ein? Der erste Schritt dazu ist, zu realisieren, dass jeder einzelne Mensch anders ist als der andere. Nicht nur im Äußerlichen, sondern gerade die „internen Abläufe" unterscheiden sich. Irrtümlicherweise denkt der „normale Mensch", alle anderen würden die Umwelt genauso erleben wie er

Kommuniziere so, dass es der Gesprächspartner versteht

selbst und hätten demzufolge auch ein – zumindest ähnliches – „Weltbild". Tatsächlich ist das aber nicht der Fall. Die sogenannte „Normalität", die in Gedanken jeder für sich selbst gebucht hat, gibt es nicht. Nehmen wir an, das Innere eines jeden Menschen wäre eine Weltkarte (= Weltbild), auf welcher Ozeane und Kontinente dargestellt sind. Die Flächen jedoch sind sehr unterschiedlich gefüllt, wie in einem Atlas, der unterschiedliche Dinge zeigt: Berge und Täler mit Höhenangabe; Wald, Ackerland, Wiese und Bebauung; Verkehrswege wie Straßen, Flugrouten und Bahnstrecken; regionale Darstellung von Niederschlagsmengen usw.. In jedem Weltbild gibt es zudem unterschiedliche Geräusche, Gefühle, Geschmäcker und Gerüche. Auch läuft beim einen alles sehr schnell ab, beim anderen ganz langsam. Damit nicht genug: Der eine nimmt seine Umgebung logisch, in Fakten und Zahlen, der andere eher sehr emotional, in Gedanken und Gefühlen wahr. Und es gibt die unterschiedlichsten Kombinationen der Darstellungen und Wahrnehmungen, was die Verwirrung komplett macht. Ein kleines und einfaches Beispiel, das mich immer wieder zum Schmunzeln bringt: Für mich sind Pink und Rosa ein und dieselbe Farbe. Meine Partnerin oder meine Schwester schauen mich dazu ganz entgeistert an und können sich nicht vorstellen, dass ich den Unterschied nicht erkenne. Ich erkenne ihn wirklich nicht! Ihnen ist es sicherlich auch schon passiert, dass Sie Menschen treffen, die Sie überhaupt nicht verstehen. Vielleicht ärgern Sie sich über diese Menschen, weil sie offensichtlich überhaupt nichts von dem aufnehmen, was Sie erzählen. Tatsächlich ist es aber wohl so, dass er Ihnen einfach nur schwer folgen kann, weil das, was Sie in „ihrer Art" mitteilen, nicht mit seinem „Weltbild" kompatibel ist. Folglich heißt die Aufgabe: **Kommuniziere „in seinem Weltbild"!**

Ich war viele Jahre im Vertrieb tätig und habe hinsichtlich Kommunikation viele Extreme erlebt. Neukundengespräche, Jahresgespräche, Konditionsverhandlungen, hektische und spontane Messetermine mit mehreren unbekannten Ansprechpartnern plus eigener Geschäftsführung usw.. Schwierige Situationen, die ohne ein „Kommunikationskonzept" nur sehr eingeschränkt zu einem positiven Ergebnis hätten führen können. Regelrecht verblüfft war ich, als ich in jungen Jahren erkannte, dass ich jeder noch so schwierigen Meeting-Situation gewachsen war, wenn ich mich an einen einfachen Fahrplan hielt: lächeln, freundlich sein, so viele Fragen wie möglich stellen, aktiv zuhören und die Vorteile für den Kunden individuell als Nutzen formulieren. Mein Kunde fühlte Interesse, Verständnis und Respekt, die Basis einer jeden guten Kundenbeziehung, die Basis für Kunden-Coaching. Es ist wunderbar, einen verstandenen, zufriedenen, kaufenden und glücklichen Kunden zu verabschieden und die Anerkennung von Kunde, Mitarbeitern, Vorgesetzten und Kollegen zu hören und zu spüren. Das war für mich der Grund zum Ausbau meiner kommunikativen Fähigkeiten, insbesondere in Richtung Aktives Zuhören, Fragetechnik und Nutzensprache. Jeder Verkäufer hat wütende, trotzige, niedergeschlagene, enttäuschte oder abweisende Kunden erlebt. Glauben Sie mir: Das war fast immer die Auswirkung einer „verbesserungswürdigen Kommunikation". Und die wäre zu vermeiden gewesen! Auf den nächsten Seiten werde ich detailliert darauf eingehen, wie Fehler vermieden und bewusst die entscheidenden Elemente guter Kommunikation eingesetzt werden können, um dauerhaft zufriedene und kaufende Kunden zu haben, die Sie als verständnisvollen und gerne gesehenen Partner und Coach schätzen werden.

1.1. Erleben von Kommunikation

Einer der größten Feinde für zwischenmenschliche Beziehungen ist wohl die „individuell eingefärbte Brille" eines Menschen. Dinge so zu sehen, wie ich sie sehen will, und nicht so zu sehen, wie sie der andere sieht. Interpretation ist das Schlagwort! Wir nehmen einige Fakten und Informationen auf und füllen sie mit unserer Phantasie. Oft hat dann das, was wir an Gedanken zu einer Aussage oder Situation im Kopf haben, objektiv nicht mehr viel mit der tatsächlichen Situation zu tun. Ein Beispiel zur Verdeutlichung: Der Verkaufsleiter musste sich von einer sehr kompetenten Mitarbeiterin verabschieden, da diese zu ihrem Mann ins Ausland zog. Er lud sie, wie versprochen, in ein nettes Restaurant ein und verbrachte mit ihr einen angenehmen Abend, an dem man die letzten Jahre Revue passieren ließ (fast hätte er die Einladung vergessen, wenn seine Frau ihn nicht erinnert hätte!). An diesem Abend wurde er von einem Kollegen gesehen. Dieser Kollege hatte aber seine „Brille" auf und plötzlich war ihm klar, was da lief: bildhübsche junge Sachbearbeiterin – der Verkaufsleiter schick angezogen – romantische Stimmung – Kerzenschein – Tisch in einer schlecht einsehbaren Nische! Da kommt dann schnell hinzu: „Und wie die beiden sich angesehen haben!" Irrtum ausgeschlossen, oder?! „Die haben eine Affäre, ist doch klar!" Doch dem war eben nicht so! Sie haben Recht, es hätte so sein können. Aber das ist nicht entscheidend. Das Einzige, was zählt, ist, wie es wirklich ist. Wir neigen dazu, wenige Fakten mit Phantasie zu einem kompletten Bild auszuschmücken.

Parallelen zu dieser Geschichte können wir überall finden. Zum Bei-

Dinge so sehen wie sie wirklich sind

Um objektiv urteilen zu können: fragen, nachfragen, hinterfragen

spiel bei der Beurteilung von Projekten. Der Verkäufer schätzt das Kundenprojekt nur oberflächlich ein, wertet dabei falsch. Seine Stimmungslagen verfälschen die Beurteilung weiter, das heißt, aktuelle Einflussfaktoren werden zu stark positiv oder negativ gewertet, andere Faktoren wenig oder überhaupt nicht beachtet. Optimismus oder Pessimismus nimmt überhand. Dieser Verkäufer darf sich nicht wundern, wenn „sein Bild" nicht das richtige ist und der Erfolg ausbleibt. Er hätte die Datenverluste ausgleichen müssen. Er hätte FRAGEN, NACHFRAGEN und HINTERFRAGEN sollen! Dass dann ein Projekt nicht realisiert wird, ist unangenehm. Und genauso wirkt sich dieses Datendefizit aus, wenn Folgefehler entstehen: Der Verkäufer bietet auch zukünftig keine passenden Lösungen bei diesem Kunden an und verliert ihn. Er verbeißt sich in womöglich aussichtslose Projekte, um den Verlust zu kompensieren. Eine fantasiereiche, falsche Projekteinschätzung wirkt sich auf den Produkt-Forecast aus und produziert womöglich falsche Lagerbestände. Also gilt

> **Regel 1**
> **Dinge so sehen, wie sie sind, und nicht, wie sie sein sollen!**

1.2. Hauptfehler

Zwei Hauptfehler, die einer realistischen Sicht traditionell im Wege stehen, sind:
- Der Verkäufer als Vielredner
- falsche Argumentationssprache

Aktives Zuhören statt Redeschwall

Viele Verkäufer sind „Vielredner". Sie gebrauchen deutlich mehr als 50 % Anteil am Gespräch, manchmal bis zu 90 %. Der Grund für dieses Fehlverhalten ist offensichtlich. Die meisten Verkäufer reden nun mal gerne über sich, über ihre Firma und deren Produkte. Sogar mit „bestem Wissen und Gewissen", will heißen: in bester Absicht. In der Praxis stellt sich das zum Beispiel so dar, dass die soziale Aufwärmphase noch von beiden zu relativ gleichen Teilen besetzt wird, was auch richtig ist. Wenn aber das eigentliche Verkaufsgespräch beginnt und der Verkäufer Fragen zum Bedarf und zu den Problemen des Kunden stellen sollte, verfällt er in einen Redeschwall von Argumentation über die Vorteile seiner Produkte und Dienstleistungen.

Wie reagiert das Gegenüber im Allgemeinen? Er hört zu und überlegt sich Gegenargumente. Der Verkäufer bringt sich in eine missliche

Lage, da der Kunde dann zu jedem Einzelargument, egal ob Optik, Preis oder Funktionen, ein Gegenargument bringen wird. Dieser Ablauf wäre zu vermeiden, hätte der Verkäufer aktiv zugehört und den Kunden reden lassen. Dann hätte er Informationen erhalten, die dem Kunden und vielleicht sogar dessen Kunden wichtig sind. Die Vorteile seines Produktes wären dann leichter als Nutzen zu formulieren. Eine „Abwehrreaktion" des Kunden würde nicht provoziert.

> **Regel 2**
>
> **Der Kunde muss einen Redeanteil von mind. 60 % haben.**
>
> **Der Verkäufer muss lernen, aktiv zuzuhören.**

Was ist an „Argumentation" so falsch? Ganz einfach: Kommunikation in „Argumentationssprache" signalisiert „Ich! Ich! Ich!" – Mein Produkt! Meine Dienstleistung! Mein Unternehmen! Meine Lösung! – In der Konsequenz: „Mein Verkaufsziel!" Der Verkäufer wird dann eben auch als Verkäufer gesehen und der Kunde wird sich wappnen oder wehren, da die Vorteile des Produktes wie aus einem Maschinengewehr dem Gesprächspartner entgegengeschossen werden, ohne auf den Nutzen einzugehen. Leider ist das oft die Praxis. Aktiv zuhören, Nutzensprache und Fragetechnik schaffen Abhilfe. Der Kunde sieht sich im Blickpunkt.

> **Regel 3**
>
> **„Aktiv zuhören" und „Fragen" statt „Reden, reden, reden"!**
>
> **Nutzensprache statt Argumentation!**

Ziel muss eine „Win-Win-Situation" sein, bei der beide Partner Gewinner sind. Dazu ein Verkaufsgespräch in zwei Versionen:

Negativ-Beispiel:
Kunde: *Guten Tag, wir möchten in den Ferien für drei Wochen verreisen.*
Verkäufer: *Wir haben ein besonders attraktives Angebot für Mallorca. Das kann ich Ihnen wirklich empfehlen. Der Preis ist super, das Kli-*

	ma sehr angenehm und die Landschaft wunderschön. Was meinen Sie?
Kunde:	Mallorca, hm, ich weiß nicht?!
Verkäufer:	Die Leute dort sind sehr gastfreundlich. Die Gegend ist traumhaft (zeigt ein Bild des Angebots).
Kunde:	Ja, sieht nett aus, aber ich weiß nicht, ob das für uns das Richtige ist?
Verkäufer:	Warum nicht, das Preis-Leistungs-Verhältnis ist optimal. Sie werden begeistert sein. Übrigens müssen wir schnell sein, da es nur noch wenige Flüge gibt.
Kunde:	Das muss ich mit meiner Frau besprechen. Sie wollte eigentlich in die Karibik. Danke schön, ich melde mich bei Ihnen.

Kundenbedarf erkennen

Wird der Kunde sich für das Angebot entscheiden? Mit hoher Wahrscheinlichkeit wird er nicht kaufen, da der Verkäufer den Bedarf des Kunden nicht kannte und somit seinen individuellen Nutzen nicht darstellen konnte.

Positiv-Beispiel:

Kunde:	Guten Tag, wir möchten in den Ferien für drei Wochen verreisen.
Verkäufer:	Das freut mich für Sie. Haben Sie bestimmte Vorstellungen?
Kunde:	Meine Frau schwärmt von der Dominikanischen Republik.
Verkäufer:	Ein sehr schönes Ziel. Und wo würden Sie gerne hin?
Kunde:	Ich möchte bei Sonne und Strand richtig ausspannen. Das Ziel ist für mich nicht besonders wichtig.
Verkäufer:	Dann liegen Sie mit der Dom. Rep. richtig. Waren Sie schon einmal dort oder haben Sie sich bereits informiert?
Kunde:	Nein, Bekannte haben es uns empfohlen. Ein All-inclusive-Paket wäre optimal.
Verkäufer:	Wenn Sie Ihren Urlaub an einem Ort verbringen wollen, stimmt das auf jeden Fall. Oder planen Sie eine Rundreise?
Kunde:	Nein, eher nicht. Aber vielfältige Sportmöglichkeiten sind uns wichtig.
Verkäufer:	Zwei Häuser kann ich Ihnen besonders empfehlen. Ich selbst war bereits dort. Gerade all-inclusive bietet hier auch im Gesamtpreis Vorteile.
Kunde:	Der Preis ist nicht so ausschlaggebend, wenn das Angebot stimmt.
Verkäufer:	Gut, wollen Sie die Angebote in Ruhe mit Ihrer Frau durchsprechen?
Kunde:	Ach, wenn der geeignete Zeitpunkt frei ist, würde ich gleich buchen.
Verkäufer:	Gerne, dann schauen wir mal im Reservierungssystem nach.

Dieses Beispiel zeigt stellvertretend, wie der Verkäufer mittels Fragen das Gespräch führt, den Bedarf ermittelt und der Kunde sich optimal beraten fühlt.

2. Positive Rahmenbedingungen

Betrachten wir den „positiven äußeren Rahmen", in den der Kundenkontakt gebettet werden sollte, um positive Kommunikation zu erleichtern.

2.1. Gründliche Gesprächsplanung

Wenn ich Seminarteilnehmer frage, ob eine gründliche Gesprächsplanung von Bedeutung ist, bekomme ich die Antwort: *„Na klar! Das ist sehr wichtig!"* Diese Erkenntnis ist zweifelsohne in allen Verkäufern vorhanden. Fakt ist leider, dass in der Realität eine gründliche Gesprächsplanung die Ausnahme ist. Ein typisches Verhalten ist, dass sich der Verkäufer kurz vor dem Kundentermin lediglich klar macht, was er vom Kunden erwartet. Logisch, aber die falsche Basis für ein gutes Kundengespräch.

Verkäufer, die sich nicht auf das Gespräch detailliert vorbereiten, bekommen hier leicht einen „Motorschaden". Da der eigene Geist nicht richtig geeicht ist. Unvorhergesehene Einwände tun dann ihr Übriges für ein unproduktives Kundengespräch. Ohne Vorbereitung ist es schwer möglich, individuell ausgerichtete Lösungen zustande zu bringen.

Positive Kommunikation bringt Zeitersparnis, Produktivität und Imagegewinn

Was ist die Ursache, dass dieser wichtige Baustein „Vorbereitung" nicht oder nur sehr eingeschränkt beachtet wird? Zeitmangel, Stress und nicht zuletzt: Bequemlichkeit. Leider muss ich Ihnen gestehen, dass auch ich einmal zu den Verkäufern zählte, die aus Zeitmangel und Bequemlichkeit keine gründliche Gesprächsplanung praktizierten. Ein Coach brachte mir dann bei, wie ich das mache – eben mit positiver Kommunikation – und, noch wichtiger, welchen Nutzen der Kunde und ich ziehen:

1. Zeitersparnis durch:
- effektives, kurzes und strukturiertes Verkaufsgespräch
- sofortigen Austausch aller relevanten Daten und Unterlagen

2. Produktivität durch:
- schnellere Entscheidungen, da der Verkäufer auf Störfaktoren und Widerstände vorbereitet ist und Bedenken des Kunden ausräumen kann
- Vermeidung eines weiteren Termins auf Grund Klärung aller relevanten Themen

3. Imagegewinn über:
- Bewusstsein und Kenntnis aktueller Informationen und Ereignisse
- gesprächsförderliche Themen
- neue Ideen

Hier eine Checkliste mit Fragen, die sich vorab zu klären lohnen. Zum Vorteil für Kunde und Verkäufer:

- [ ] Was ist der Anlass dieses Kundengesprächs?
- [ ] Mit wem habe ich es zu tun?
- [ ] Was erwartet der Kunde von mir?
- [ ] Was erwarte ich vom Kunden?
- [ ] Welches Maximal- und Minimalziel setze ich mir?
- [ ] Welche Unterlagen werden für das Gespräch benötigt?
- [ ] Welche aktuellen Informationen oder Ereignisse könnten das Gespräch beeinflussen?
- [ ] Welche Störfaktoren oder Hauptwiderstände könnten auftreten?
- [ ] Was könnte das Gespräch besonders fördern?
- [ ] Wie werde ich das Gespräch aufbauen?
- [ ] Wie könnte das Gespräch ablaufen? (Simulation im Kopf)
- [ ] Welche besonderen Ideen und Fakten möchte ich heute im Gespräch neu einstreuen?
- [ ] Was sind die geeigneten Zeitpunkte dafür?
- [ ] Falls das Gespräch wider Erwarten schlecht läuft, welche Auswege werde ich gehen?

Regel 4

Kunden-Coaching verlangt gründliche Gesprächsvorbereitung.

2.2. Emotionale Voreinstellung

Wer sich auf einen Kunden freut und sich das Ziel setzt, den Nutzen des Kunden in den Vordergrund zu stellen, auch wenn in dem Gespräch Probleme zu erwarten sind, und wer einem neuen unbekannten Ansprechpartner grundsätzlich positive Absichten unterstellt (warum sollte es auch anders sein?), leistet bei sich Basisarbeit und macht den Verkauf angenehmer.

> **Regel 5**
>
> **Freuen Sie sich auf den Kunden und unterstellen Sie immer positive Absichten.**

2.3. Der Stuhl des Anderen

Oft wäre es hilfreich für das Verständnis füreinander, wenn sich Menschen gedanklich – vielleicht auch tatsächlich – auf den „Stuhl des Anderen" setzen würden. Unter Kollegen, z. B. Marketing und Vertrieb, empfehle ich ihnen in Konfliktsituationen die tatsächliche Umsetzung dieses Rollenspiels. Sie würden spielerisch erkennen, dass der bestehende Konflikt – zum Beispiel fordert ein Vertriebsmitarbeiter vom Produktmanager bessere Preise – spontan gelöst werden könnte. Selbst ein gesunder Kompromiss wäre dann viel leichter zu erzielen. Richtig, mit Kunden ist die tatsächliche Umsetzung dieses Spiels nicht möglich ... oder vielleicht doch? ... eine reizvolle Situation! Zumindest kann sich der Verkäufer gedanklich auf den Stuhl des Kunden setzen. Er sollte sich fragen:

Versetzen Sie sich gedanklich in Ihren Gesprächspartner

- Was sind meine Ziele als Einkäufer?
- Was sind die Vorgaben meines Unternehmens?
- Welche Strategie fahren wir bezüglich dieses Lieferanten und des betreffenden Produktbereiches?
- Was sage ich und wie verhalte ich mich, um meine Vorteile bezüglich dieses Lieferanten (z. B. Preis, Service, Lieferzeitraum, Verfügbarkeit) zu erhöhen?
- Wie kann ich die Umsätze mit diesem Lieferanten steigern? Und so weiter.

Ein Verkäufer, der diese Situation quasi „als Kunde" durchdenkt, wird Verständnis für sein Gegenüber entwickeln, sich die passende Argumentation, sprich die richtige Nutzensprache bereitlegen. Im Ergebnis wird eine Situation herbeigeführt, in der beide Partner Gewinner sind.

> **Regel 6**
>
> **Setzen Sie sich auf den „Stuhl des Anderen"!**
>
> **Sie werden Verständnis und Mitgefühl gewinnen und leichter eine Win-Win-Situation erzeugen können.**

2.4. Freundlichkeit und Begeisterung

Strahlen Sie im Gespräch Begeisterung aus

Viele Menschen sind negativ, pessimistisch, missmutig, unbeweglich, träge und für neue Ideen verschlossen. Sie sind wie Bleiklötze für ihre Umwelt. Klar ist, dass Freundlichkeit und Begeisterung nicht befohlen werden können. Schließlich sind wir keine Maschinen! Machen Sie sich aber doch einmal bewusst, welche Menschen in Ihrem Umfeld, egal ob Freundeskreis oder Ansprechpartner bei Kunden, sympathisch und interessant sind. Sie werden feststellen, dass die, mit denen Sie am liebsten zusammenkommen wollen, freundliche, humorvolle, zuvorkommende Menschen sind, die Begeisterung ausstrahlen. Es ist diese „Lebendigkeit", die anregenden Gespräche, die uns an solchen Menschen fasziniert. Wir bekommen dadurch Tatkraft, Ideen und ein positives Lebensgefühl, werden be-„geistert". Keine große Tat wurde ohne große Begeisterung eines Einzelnen oder einer Gruppe von Menschen vollbracht.

Sind Sie freundlich und begeistert, somit „begeisternd"? Eine ehrliche Antwort wird vielleicht so ausfallen, dass Sie gerne freundlich und begeistert sind, dies aber meist nur in mehr oder weniger gedämpftem Umfang fühlen und an die Umwelt weitergeben können. Was ist der Grund dafür? Ich denke, dass viele Menschen keine Visionen haben und auch nicht darüber nachdenken, wie ein begeistertes, befriedigendes und optimales Arbeits- oder Privatleben aussehen könnte. Sie machen sich keine Gedanken über Verbesserungen und Veränderungen diesbezüglich und verlieren sich in Problemen, Stress und Oberflächlichkeit.

Kommunikation – das ERLEBEN des Gesprächspartners

Empfehlungen, die zu mehr Begeisterung führen können:

- Überlegen Sie, welche Veränderungen ihr Arbeits- und Privatleben zufriedener und besser machen würde
- Konzentrieren Sie Ihre Gedanken darauf, wie eine gute Idee in die Realität umzusetzen ist, und nicht so sehr darauf, warum die Umsetzung nicht möglich sein könnte
- Machen Sie sich ausgiebig Gedanken darüber, was Sie begeistert, und sprechen Sie darüber. Sie werden schnell „Mitbegeisterte" finden
- Interessieren Sie sich für Religionen und erforschen Sie deren Kernaussagen (z. B. Buddhismus oder Christentum). Sie werden überrascht sein
- Nehmen Sie sich jeden Tag mehrmals wenige Minuten Zeit, um sich auf das wirklich Wesentliche zu konzentrieren. Dies ist wirkungsvoller, wenn Sie dabei die Augen schließen
- Tun Sie immer das, was Sie gerade tun, auch wenn Sie das „normalerweise" nicht gerne tun, mit voller Konzentration, ruhigem Herzen, Begeisterung und Freude (ich fühle mich seitdem beim Staubsaugen viel besser!)
- Experimentieren und verändern Sie! Die Begeisterung wird auf Ihre Kunden und Kollegen überspringen

---

Regel 7

Leben Sie Freundlichkeit und entzünden Sie in sich die Flamme der Begeisterung.

Diese Flamme macht Sie begeisternd!

---

3. Aktives Zuhören

3.1. Allgemeine Situation

Die Masse der Menschen hört oft nicht bis zum Schluss zu. Der Gesprächspartner redet und man überlegt bereits das, was man gleich zu sagen hat. Passiert Ihnen das, sollten Sie sich sagen: *„Ich bin als*

Zuhörer nicht bis zum Ende des Gespräches dabei. Da bleiben Missverständnisse nicht aus. Oder ich nehme einzelne Sätze gänzlich nicht wahr und verpasse eine interessante oder gar eine entscheidende Aussage. Wenn ich dann noch vergessen habe, meine ‚Brille' abzunehmen, sind Missverständnisse vorprogrammiert!" Versuchen Sie also Ihrem Gesprächspartner bis zum Schluss wirklich zuzuhören. Erst dann sind Sie dran.

Lassen Sie Ihren Gesprächspartner ausreden

Der Hauptgrund für „Nicht-Zuhören", so scheint mir, ist der unwiderstehliche Drang, etwas loszuwerden. Beobachten Sie Gespräche über den vergangenen Urlaub oder wenn Frauen oder Männer über ihre Kinder reden. Das Kommunikationsverhalten gleicht dann eher einem Boxring als einer sinnvollen Kommunikation. Auch ich spreche gerne über Kinder, doch sollte einem Satz über Laura nicht gleich im Anschluss ein Satz über Luisa folgen. Den anderen reden, aber auch ausreden lassen ist eine wichtige Grundregel der Kommunikation.

3.2. Aktives Zuhören im Beruf

Kommen wir nun aber vom reinen „Zuhören" zum „Aktiven Zuhören". Ein wesentlicher Unterschied. Während beim reinen Zuhören kein aktiver Part des Verkäufers stattfindet, versteht man unter „Aktivem Zuhören" die gezielte Benutzung der beiden nachfolgend beschriebenen kommunikativen Techniken zusätzlich zum tatsächlichen Zuhören.

3.2.1. Verständnis signalisierendes Nicken

Nicken hat im Kundengespräch durchaus unterschiedliche Bedeutung. Beim Aktiven Zuhören wird Nicken allerdings selten als Ausdruck zur Zustimmung eingesetzt. Vielmehr signalisiert Nicken hier Verständnis, rein akustisch oder auch inhaltlich. Damit es vom Gesprächspartner nicht als Zustimmung fehlinterpretiert wird, sollte der Verkäufer die Technik nur ganz bewusst einsetzen und gegebenenfalls dann bei entscheidenden Punkten bei der Erläuterung des Gesprächspartners das Nicken eben auch unterlassen.

3.2.2. Verständnisfragen

Durch kurze Verständnisfragen (*„Habe ich Sie richtig verstanden, dass..."*) verstärkt der Verkäufer den wichtigen Eindruck des Kunden: *„Er interessiert sich wirklich für mich!"* Diese Technik sollte der

Verkäufer deshalb auch dann einsetzen, wenn er tatsächlich den Sachverhalt schon verstanden hat und die Frage gar nicht mehr bräuchte.

4. Fragetechnik

Machen wir uns eines klar: Der Kunde hat in Wirklichkeit nicht die paradiesische Situation, die ihm von Seiten der Verkäufer oft unterstellt wird. Er hat eben nicht die lupenreine bequeme Entscheidungsgewalt, die uns Verkäufern immer das Gefühl des „Ausgeliefertseins" gibt. Der Kunde muss nämlich oft zum Beispiel abwägen zwischen Wirtschaftlichkeit (z. B. Preis), Sicherheit (z. B. Qualität oder Verfügbarkeit des Produktes), Image (z. B. Marktführer oder ein innovatives No-Name-Produkt) und Bequemlichkeit (z. B. bezüglich Arbeitsaufwand eines neuen oder bereits bestehenden Lieferanten). Er sorgt sich, dass diese Entscheidung die richtige sein wird und sie sich nicht als verlustreiche Fehlentscheidung entpuppt. Daraus folgt, dass der Verkäufer eine überaus wichtige Funktion einnimmt und Vertrauen in der Beziehung eine überragende Bedeutung hat.

Vertrauen in der Verkäufer-Kunden-Beziehung hat eine überragende Bedeutung

Nehmen wir an, dass sich bis zu diesem Zeitpunkt eine offene und vertrauensvolle Situation zwischen beiden Partnern entwickelt hat. Nehmen wir weiter an, die grobe Problemstellung ist wie folgt:
a) schwierige Mitbewerbersituation, d. h., bestehende Kunden kaufen bei einem Mitbewerber große Stückzahlen eines billigen No-Name-Produktes, das der Verkäufer nicht im Sortiment führt.
b) Dadurch geht ihm Umsatz verloren. Der Kunde hat seinem Gegenüber den Bedarf oberflächlich mitgeteilt, erwartet gespannt im weiteren Gespräch Lösungen, die diesen decken. Der Verkäufer hat einen groben Umriss der Problemstellung seines Kunden und versucht nun, diesen Bedarf gedanklich in Einklang zu bringen mit den Vorteilen und dem Nutzen seiner Produkte und Dienstleistungen. Ihm fehlen aber noch viele Details! Jeder Verkäufer hat gelernt, wie wichtig Fragestellung im Kundengespräch ist. Doch nun trennt sich die Spreu vom Weizen! Nun zeigt sich, welcher Formel-1-Motor tatsächlich 10.000 Umdrehungen durchhält, und das auch bis zum Ende des Rennens! Es zeigt sich, wer nur die Oberfläche des Kunden durchstößt und wer tief in seine Wirklichkeit eindringt.

Regel 8
Zu früh präsentierte Lösungen sind schlechte Lösungen.

Benutzen Sie die richtigen Fragetechniken

Nun folgt die „Königsdisziplin" des Kunden-Coachs. Nämlich mittels unterschiedlichster Fragetechniken und Fragestrategien Details und noch unbekannte Sachverhalte zu klären, sich umfassendes Kunden-Know-how anzueignen, Entscheidungsmotive und Hintergründe klar herauszuarbeiten, Widerstände zu Tage zu fördern, Wichtiges von Unwichtigem zu trennen und das weitere Gespräch zu lenken und zu führen. Und somit den Kunden zur richtigen Entscheidung zu coachen.

Durch Fragen erhält der Verkäufer nicht nur Informationen, er verändert auch die Sicht des Kunden ihm gegenüber. Weg vom Verkäufer, hin zum interessierten Partner. Dies wiederum fördert Vertrauen und Offenheit, die dem reinen „Verkäufer" so nicht entgegengebracht würden. Vielleicht lohnt sich eine Betrachtung dieses Umstands an einem detaillierten Beispiel:

Sie sind Kunde (ggf. Wiederverkäufer an gewerbliche Endkunden), ich Verkäufer. Ich argumentiere für mein relativ hochpreisiges Produkt: *„Unsere Produkt X wird höchsten Qualitätsansprüchen gerecht."* Sie, der Sie täglich mehrere Gespräche mit Lieferanten führen, würden fast „automatisch" denken und antworten: *„Das bieten andere Lieferanten auch!"* oder: *„Bei dem Preis möchte ich das auch hoffen!"* oder: *„Der Preis ist aber viel zu hoch!"* Wenn ich Ihnen jedoch eine offene Frage stelle wie *„Wie wichtig ist Ihnen hohe Qualität in diesem Produktbereich?"*, wird in Ihrem Kopf ein anderer Gedankenprozess angestoßen. Sie beschäftigen sich sofort mit der Bedeutung der Qualität, erst in zweiter Linie mit meinem Produkt. Damit hat die Fragetechnik Ihr Interesse in den Vordergrund geschoben. Was spricht unter dieser Voraussetzung dagegen, dass Sie dann zu mir sagen: *„Gute Qualität ist für mich und meine Kunden sehr wichtig!"* oder: *„Qualität spielt in diesem Produktsegment nur eine untergeordnete Rolle"*? Eine Kette von Fragen, geplant oder intuitiv richtig aneinandergereiht – ohne dass ein journalistisches Interview entsteht –, führt zum Gesprächsziel und fördert gleichzeitig das Gefühl beim Kunden, dass er wichtig genommen wird.

4.1. Fragestrategie

Unter Fragestrategie verstehen wir den zielorientierten und systematischen Einsatz der unterschiedlichsten Fragearten. Nur derjenige nutzt das Erfolgspotenzial der Fragetechnik voll aus, der mit Strategie vorgeht. Eine professionelle Fragestrategie bewegt sich

- vom Ganzen zu den Details
- vom Allgemeinen zum Besonderen
- vom Bekannten zum Unbekannten
- vom Einfachen zum Komplexen

Spielen wir nun das oben genannte Beispiel bezüglich Produktqualität weiter. Wir nehmen an, der Kunde stuft die Qualität in diesem Produktsegment als wichtig ein und teilt dem Kunden-Coach das auch mit. Hier einige mögliche vertiefende Fragen, um Detailwissen und Hintergründe zu bekommen:

Mehr Detailwissen durch vertiefende Fragen

- Warum ist Ihnen eine hohe Qualität wichtig?
- Welche Vorteile hat es für Sie, qualitativ hochwertig zu verkaufen?
- Wie stellt sich die Ertragssituation Ihrer qualitativ hochwertigen Produkte dar?
- Wie wirkt es sich auf Ihr Image aus, qualitativ hochwertig zu verkaufen?
- Was sind die Gründe, warum Sie auf Billigprodukte in Ihrem Sortiment verzichten?
- Wie beurteilen Ihre Kunden Ihre qualitativ hochwertigen Produkte?
- Wie zufrieden sind Ihre Kunden mit Ihren Produkten?
- Wie viele Ihrer Kunden sind treue Kunden und kaufen wiederholt bei Ihnen?
- In welcher Form wirkt sich die hohe Produktqualität auf Ihre Serviceleistungen aus?
- Wie wichtig ist es Ihren Mitarbeitern, Produkte mit hoher Qualität zu verkaufen?

Jede einzelne Frage hätte eine Antwort zur Folge, die wiederum eine tiefer gehende Frage oder Erörterung eines Sachverhalts ermöglichen würde und weitere Detailkenntnisse über den Kunden liefern würde und so weiter. Der Verkäufer muss sich die Zeit nehmen, bei jedem Kundenkontakt mit den relevanten Ansprechpartnern in geeigneter Form auf Basis der Fragetechnik das Gespräch zu führen. Die notwendige Tiefe ergibt sich aus der Sache: Qualität, Preisstellung, Verfügbarkeit, Produktfunktionen, Design, Marktsituation, Trends, EDV, Warenwirtschaftssystem, Mitbewerber, Marketing, Logistik, Entwicklungen, Schulung der Mitarbeiter, Informationsfluss, Bestellprozedere, Produktpräsentation usw..

Und keine Sorge: Zahlreiche Fragen werden nicht automatisch dem Kunden lästig. Im Gesprächsverlauf wird der Anteil an Fragen subjektiv nicht sehr stark wahrgenommen, auch wegen der Konzentration des Kunden auf die eigenen Antworten.

Regel 9

Fragestrategie und Frageform ist unerlässlich, um bis zum Kern des Kunden und zu dessen Problemstellung vorzudringen.

Nutzen Sie Fragetechniken Dass Verkäufer Fragetechniken nicht oder nur eingeschränkt nutzen, hängt häufig mit der Befürchtung zusammen, dass das Gespräch in eine falsche Richtung gedrängt wird, z. B. in Richtung Preisstellung. Sie fürchten sich gerade auch vor diesem Thema und kommunizieren „blind" die Argumente ihrer Produkte oder Dienstleistungen. Es ist das mögliche „Nein" des Kunden, das abschreckt. Doch gerade Fragetechnik hilft, quasi schon präventiv dieses Nein zu vermeiden. Blicken wir auf die wahre psychologische Grundsituation: Der Kunde fürchtet sich ... vor einer Fehlentscheidung! Also wird er, solange er noch die Gelegenheit hat und der Auftrag noch nicht erteilt ist, detailliert prüfen, ob an dem vorliegenden Angebot nicht doch ein Haken zu finden ist. Er beleuchtet das Angebot von allen Seiten und äußert seine Skepsis zwangsläufig auch in Einwänden, häufig in übertriebener, von Taktik geprägter Form:

- Diese Lösung ist zu teuer!
- Lösungen von Mitbewerbern haben mehr Funktionen zum gleichen Preis!
- Das Design gefällt mir nicht!
- Die Stückzahl ist zu groß!
- Unsere Kunden kaufen lieber Produkte vom Mitbewerb!
- Wir haben keine Erfahrung in diesem Produktbereich!
- Das funktioniert bei uns nicht!

Behauptungen und Argumente erzeugen in der Regel solche „Einsprüche". Fragetechnik beugt dem vor, fördert Einwände zu Tage zu einem Zeitpunkt, den der Verkäufer – eben durch seine Fragetechnik – bestimmt.

Wie einfach es im Grunde ist, Argumente in Frageform zu verpacken und „automatisierte Einwände" zu vermeiden, sollen zwei Beispiele zeigen:

Argumentieren Sie in Frageform

Argument 1:
„Unsere Datensicherungsbänder haben in Tests bewiesen, dass sie die niedrigsten Ausfallraten haben!"

Frage als Argument:
„Steht für Sie die verlässliche Einsatzfähigkeit Ihrer Datensicherung an vorderster Stelle?"

Argument 2:
„Die Verfügbarkeit unserer Produkte ist in allen Bereichen sehr gut!"

Frage als Argument:
„Ist es für Sie und Ihre Kunden wichtig, einen Partner zu haben, der eine sehr gute Verfügbarkeit in allen Produktbereichen gewährleisten kann?"

Regel 10

Argumente in Frageform helfen Einwände zu vermeiden.

Fragetechnik als Schlüssel moderner Gesprächsführung muss von jedem Verkäufer individuell erlernt, von ihm auf sein Umfeld zugeschnitten und ständig trainiert werden. Praktische Hilfe zur Umsetzung von Fragetechnik bietet die umseitig stehende Tabelle mit Aufgabenstellung.

Aus Argumenten Fragen formulieren

Listen Sie zuerst in der linken Spalte alle Argumente auf, die für Ihr Produkt/Ihre Leistung/Ihre Lösung sprechen.
Daneben schreiben Sie den Nutzen, den Ihr Kunde dadurch erzielt, und formulieren Sie in der dritten Spalte die entsprechende Frage, die im Kern zu einem JA führt.

Argument	Kundennutzen	Ihre Frageformulierung

Hier ein Überblick über die Vorteile von Fragen im Verkaufsgespräch:

a) Der Verkäufer zeigt Interesse an der Situation des Kunden
b) Wer fragt, bezieht den Kunden aktiv ins Gespräch mit ein
c) Durch Fragen werden Entscheidungsmotive und Hintergründe klar herausgearbeitet
d) Der Verkäufer erhält wichtige Informationen und Details für seine Zielerreichung
e) Er fördert Widerstände unproblematisch und schnell zu Tage
f) Er signalisiert, dass er die Probleme und Anforderungen des Kunden nicht nur oberflächlich betrachtet, sondern sehr ernst nimmt
g) Das Geltungsbedürfnis des Kunden wird befriedigt
h) Der Verkäufer kann durch die Art der Fragestellung die Gesprächsrichtung nach seinen Wünschen lenken
i) Geeignete Fragen bringen den Kunden dazu, die Argumente des Verkäufers zu bestätigen, bevor sie überhaupt erstmals ausgesprochen werden
j) Fragen helfen Streitgespräche zu vermeiden
k) Mit Fragen können Einwände geklärt und Einstellungen des Kunden leichter korrigiert werden
l) Der Kunde erhält die Chance, über Antworten eigene Standpunkte und Aussagen unkompliziert zu revidieren
m) Fragen trennen schnell zwischen Wichtigem und Unwichtigem

Diese Fülle von Funktionen sollte jeden Verkäufer überzeugen, Fragetechniken zu erlernen und anzuwenden. Tabuzonen gibt es wenig, lediglich bei Fragen zur Privatsphäre des Ansprechpartners oder zu speziellen Firmeninternas ist größte Feinfühligkeit angesagt. Falls ein Gespräch in diese Richtung geht, sollte der Verkäufer vermehrt aktiv zuhören.

Erlernen Sie Fragetechniken

4.2. Fragearten

Die Bandbreite der möglichen Fragearten ist groß. Trainierte Verkäufer kennen die verschiedenen Fragearten. Der Kunden-Coach wendet alle Typen an und entwickelt in der Praxis ein Gefühl dafür, welche Frage in welcher Situation die beste ist, und setzt sie sorgfältig ein. Das ist das Entscheidende! Die wichtigsten Fragearten sind:

4.2.1. Geschlossene Frage

Die Frage hat das Ziel, eine abschließende Antwort zu einem Thema zu bekommen, nämlich ein „Ja" oder ein „Nein" abzuholen. Sie hat den Zweck, eine Information, eine Bestätigung oder eine Entscheidung zu bekommen. Eine geschlossene Frage „schließt etwas ab" oder dient zur Kontrolle, ob sich beide Partner in einer Verhandlung auf dem gleichen Stand befinden, z. B.: *„Habe ich Sie richtig verstanden, dass Sie bereit sind, den Vorreiter in Ihrem Unternehmen zu machen?"* Eine solche Frage sollte der Verkäufer nur dann stellen, wenn er sich einer positiven Antwort ziemlich sicher ist.

Wenden Sie geschlossene Fragen nur sehr dosiert an

Wenn er auf ein Thema unvorbereitet ist oder ausgerechnet zu dieser Problemstellung keine fertigen Überlegungen trotz guter Gesprächsvorbereitung abrufen kann, hat er dank einer geschlossenen „Kontrollfrage", die ihm Zeit verschafft, die Möglichkeit, seine grauen Zellen arbeiten zu lassen auf der Suche nach Lösungen oder neuen Gesprächsrichtungen, indem er die gewonnenen Daten wiederholt und Kontrollfragen stellt, z. B.: *„Sehe ich das richtig, dass die Qualität des Produktes oberste Priorität hat, es umgehend in großer Menge verfügbar sein muss und dass Sie es zum Preis von XY an Ihre Kunden anbieten müssen?"* Genug Zeit, darüber nachzudenken, welche Menge verfügbar ist oder ob der Preis passt. Grundsätzlich zu bemerken ist, dass dieser Fragetyp gut vorbereitet werden muss und sehr dosiert eingesetzt wird, da die Antwort nur aus zwei „radikalen" Alternativen besteht.

4.2.2. Offene Frage

Ein Fragetyp, der häufig angewandt werden sollte

Offene Fragen haben genau den gegensätzlichen Charakter und können nicht nur mit „ja" oder „nein" beantwortet werden, sondern liefern Informationen und Details wie in dem Thema Fragestrategien beschrieben. Dieser Fragetyp ist deshalb besonders wertvoll und liefert dem Gegenüber die Möglichkeit, Bedürfnisse, Probleme, Meinungen und Wünsche ausführlich zu äußern, und sollte häufig angewandt werden. Der Antwortende denkt nach über seine Antwort, der Redefluss wird stimuliert und der Fragende lenkt auf das Thema, das für die Zielsetzung des Verkäufers aktuell günstig ist, z. B. *„Wie werden Sie auf diese Anforderung reagieren?"*

Offene Fragen bieten sich in vielen Situationen an, um:

- die Vorstellungen und die Ziele des Kunden zu ermitteln
- herauszufinden, welche Kenntnisse zu einem Thema bereits bestehen
- das Gespräch einzuleiten
- aus Sackgassen wieder herauszukommen
- das Gegenüber zum Nachdenken anzuregen
- Hintergründe zu erkunden, wenn Zweifel und Ängste spürbar sind
- sich selbst Klarheit über einen Sachverhalt zu verschaffen
- auf das gewünschte Thema zurückzuführen

4.2.3. Suggestivfrage

In der Hoffnung, dass der Gesprächspartner zustimmt, wird ihm mit einer Suggestivfrage die Antwort bereits in den Mund gelegt. Der Zweck der Suggestivfrage ist, den Kunden zu beeinflussen, am besten ohne dass er sich unmittelbar bewusst darüber wird. Dieser Fragetyp ist aggressiv und sollte nur wohl dosiert eingesetzt werden.

Setzen Sie Suggestivfragen sehr vorsichtig ein

- Sie wünschen sicher ein Navigationssystem in Ihrem neuen Fahrzeug?
- Ihnen ist es sicher wichtig, mit dem Marktführer zusammenzuarbeiten?

4.2.4. Rhetorische Frage

Diese Frage ist eine Suggestivfrage in verschärfter Form. Sie hat die Tendenz zu provozieren. Sie dient der Einstimmung des Gesprächspartners auf eine gewünschte Sichtweise.

- Ist nicht das eigentliche Problem die Logistik?
- Haben wir eigentlich nicht ein ganz anderes Problem?

4.2.5. Alternativfrage

Hier erhält der Gesprächspartner verschiedene Alternativen zur Auswahl. Sie ist ebenso wie die Suggestivfrage in hohem Maße ergebnisorientiert, jedoch bei weitem nicht so aggressiv.

- Bevorzugen Sie in Ihrem neuen Wagen ein Navigationssystem oder genügt Ihnen ein leistungsstarkes Audio-System?

- Treffen Sie noch heute oder erst nächste Woche diese Entscheidung?

Bereiten Sie sich auf Alternativfragen gut vor
Der Fragende muss beachten, dass sich der Gesprächspartner nicht gedrängt fühlt und dass er sich auch für eine der Alternativen entscheiden kann und will. Dazu ist auch hier eine gute Vorbereitung auf die Frage wichtig. Gut nutzbar ist diese Technik vor allem auch in der Abschlussphase von Verhandlungen.

4.2.6. Reflektierende Frage

Dieser Fragetyp eignet sich besonders, wenn eine negative Aussage bezüglich einer Lösung oder eines Produktes aufgefangen werden soll, da auch positive Aspekte für die Lösung bzw. das Produkt sprechen. Zum Beispiel übt der Kunde Kritik an einem Feature: *„Das Design gefällt mir aber überhaupt nicht!"* Der Verkäufer reflektiert daraufhin: *„Mit den übrigen fünf Merkmalen des Produktes können Sie sich demnach anfreunden?"* Der Fragende steuert in Richtung einer objektiven Gesamtbeurteilung, weg von z. B. subjektiven Vorlieben wie im genannten Beispiel.

4.2.7. Gegenfrage

Nutzen Sie Gegenfragen
Ein ganz interessantes und leider selten genutztes Werkzeug ist die Gegenfrage. Denn nicht nur Verkäufer nutzen Fragetechniken, sondern auch deren Gegenüber! Deshalb soll auch eine Gegenstrategie gegen zu viele Fragen des Gegenübers aufgezeigt werden. Das ist einfach: eine passende Gegenfrage!

Ist der Preis nicht zu hoch? – Im Vergleich womit?

Können Sie das Produkt nicht billiger anbieten? – Auf welches Merkmal dieser Lösung würden Sie denn dafür verzichten?

Gegenfragen können geschickt eingesetzt werden, um:

- Zeit zum Nachdenken zu gewinnen
- zusätzliche Informationen zu bekommen
- präzisere Auskünfte vom Kunden zu erhalten
- auf neue Gesichtspunkte hinzuweisen
- einem Einwand zu begegnen
- die Führung des Gesprächs zurück zu gewinnen

Natürlich sollten Fragen vom Kunden-Coach korrekt beantwortet werden. Doch ab einem bestimmten Zeitpunkt gilt es, die Führung wieder selbst in die Hand zu nehmen.

Zusammenfassend hier die 10 Richtlinien für eine erfolgreiche Fragetechnik:

1. Fragetechnik stellt eine spezielle und sehr wichtige Form der Gesprächsführung dar. Versuchen Sie, diese ständig zu verbessern

2. Erstellen Sie sich eine Argument-Nutzen-Fragen-Tabelle, wie oben aufgezeigt

3. Bereiten Sie sich vor und notieren Sie vor jedem Gespräch die Fragen, welche Sie stellen wollen

4. Bereiten Sie sich bewusst auf spezielle Antworten vor, dies erhöht Ihre Reaktionsgeschwindigkeit

5. Nutzen Sie alle Fragearten und trainieren Sie, diese zum richtigen Zeitpunkt einzusetzen

6. Formulieren Sie Ihre Fragen so, dass die Antworten Sie den Gesprächszielen näher bringen und Ihre Argumentation bereits vorab bestätigt wird

7. Wenn Sie über die Meinung Ihres Partners im Zweifel sind, bauen Sie rechtzeitig Kontroll- und Bestätigungsfragen ein, um den Sachverhalt abschließend zu klären

8. Beachten Sie auch die nonverbalen Reaktionen/Antworten Ihres Kunden. Die Körpersprache gibt deutliche Aufschlüsse über Gedankengänge und Intentionen

9. Ihre Fragen sollten dem Kunden über den gesamten Gesprächsverlauf ehrliche Aufmerksamkeit signalisieren. Hinterfragen Sie Themen umso detaillierter, je mehr Sie merken, dass sie ihm besonders am Herzen liegen

10. Beachten Sie grundsätzlich die Redeanteile im Gespräch. Ihrer sollte maximal 40 % betragen. Fragetechnik hilft Ihnen dabei!

5. Nutzensprache

Beide Partner sollen als Gewinner aus dem Gespräch gehen

Es ist eine leichte Aufgabe für den Verkäufer, dem Kunden seinen individuellen Nutzen darzustellen, wenn sich der Verkäufer bis hierhin wie ein Kunden-Coach verhalten hat. Die Stimmung ist gut, der Kunden-Coach fühlt mit dem Kunden, der Kunde fühlt sich verstanden und sieht im Verkäufer einen kompetenten Partner, der ihm aufrichtig helfen möchte, richtige Entscheidungen zu treffen. Informationen sind umfassend geflossen und alle Details zur Problemstellung geklärt. Der Kunden-Coach war gut vorbereitet, hat sich mögliche Lösungen, Argumente und Kundennutzen überlegt und im Gespräch gedanklich der individuellen Situation angepasst. Er hat durch geschickte Fragestellung seine Argumente für die Lösung dargestellt und der Kunde hat diese mit seinen Überlegungen und Antworten bereits bestätigt. Wenn keine Missverständnisse entstanden sind, wird kein Widerspruch mehr entstehen, wenn der Verkäufer den konkreten Nutzen für den Kunden formuliert. Beide haben ihre Ziele erreicht und gehen als Gewinner aus dem Gespräch.

Doch was ist Nutzensprache wirklich? Ein einfaches Beispiel: Ein Privatmann möchte sich einen digitalen Fotoapparat kaufen. Genaue Vorstellungen hat er nicht, möchte aber im mittleren Preissegment bleiben. Der Verkäufer hat sich Zeit genommen für den Kunden und kommt nun zur abschließenden Darstellung des Kundennutzens:

Nutzen 1 – Die Kamera besitzt ein Carl-Zeiss-Objektiv, das Ihnen gestochen scharfe Bilder mit realistischer Farbgebung garantiert.

Nutzen 2 – Sie hat eine Auflösung mit max. 6 Mio. Pixel. So sind alle Details Ihrer Bilder klar sichtbar.

Nutzen 3 – Sie sagten, es sei Ihnen sehr wichtig, auch bei Sonnenschein das Bild im Display deutlich zu sehen. Diese Camera hat einen „LCD-Boost" der das Bild aufhellt und Ihnen diese wichtige Funktion garantiert.

Nutzen 4 – Die einfache Bedienung, die Sie ausdrücklich wünschen, ist durch die logische Menüführung und Tasten mit Direktzugriff gewährleistet. Die Bedienungsanleitung können Sie getrost weglegen.

Nutzen 5 – Dadurch dass Sie bereits ein Notebook vom gleichen Hersteller haben, wird die Bearbeitung der Bilder ein Leichtes sein, da die Software-Pakete aufeinander abgestimmt sind.

Nutzen 6 – Da Sie eine kleine und robuste Kamera benötigen, die Sie auch zum Wandern mitnehmen und in Ihrer Jackentasche verstauen können, ist diese Kamera durch ihr äußerst kleines Volumen und durch das robuste Metallgehäuse optimal.

Nutzen 7 – Durch den Verwackelungsschutz und die hohe Lichtempfindlichkeit ist gewährleistet, dass Sie gute und scharfe Bilder bekommen, auch wenn sie bewegte Motive und bei wenig Licht fotografieren. Auch Ihre Wanderfreunde werden klar sichtbar sein.

Nutzen 8 – Schnappschüsse Ihrer Kinder werden Ihnen dank der schnellen Bereitschaft und der unglaublich schnellen Reaktion auf den Auslösebefehl von nur 0,009 Sek. viel Freude bereiten.

Nutzen 9 – Ich bin jederzeit für Sie da, um Ihnen Details der Kamera zu erklären und sicherzustellen, dass Sie alle Funktionen voll verstehen und ausnutzen können.

Nutzen 10 – Der Preis ist im oberen Mittelfeld angesiedelt. Dennoch müssen Sie auf keine der tollen Eigenschaften verzichten und bekommen ein sehr gutes Preis-Leistungs-Verhältnis. Zudem werden Sie durch die hohe Qualität lange Ihre Freude haben.

Nicht nur der Kunde selbst wird immer wieder zu diesem Verkäufer Kontakt suchen, wenn er etwas braucht. Er wird diesen Verkäufer weiterempfehlen an Kollegen und Freunde. Eine „ideale Situation", eine perfekte Lösung mit hoher Marge anbieten zu können, hat der Kunden-Coach jedoch selten (auch im o.g. Beispiel hätte der Kunde gerne 150 Euro weniger bezahlt). Dies ist aber letzten Endes nicht entscheidend, denn

---

Regel 11

Kaufentscheidungen werden zu ca. 70 % von der Ebene des Gefühls bestimmt und nur zu ca. 30 % vom Verstand entschieden!

Somit erzeugt der Kunden-Coach durch die richtige Kommunikation positive Entscheidungen. Und nicht speziell dadurch, dass er immer die „beste Lösung" bieten kann!

Kurzprofil Trainer

Thomas Hildenbrand

Thomas Hildenbrand
Lerchenweg 12
89614 Öpfingen

ThomasHildenbrand@coaching-concepts.de

www.coaching-concepts.de

Wer aufhört besser zu werden hat aufgehört gut zu sein.

Das Ganze ist stets mehr als die Summe seiner Einzelteile.

Dies sind die beiden Kernsätze die Thomas Hildenbrand in seiner 26jährigen Berufspraxis in der Automobilzulieferindustrie stets begleitet haben.

Ob in der Fertigung, im Vertrieb, im Management oder in der Entwicklung, dies sind die Leitmotive seiner Arbeit. Was dabei besser und mehr ist bestimmt stets der Kunde. Ob er ein interner oder ein externer Kunde ist spielt dabei keine Rolle. Grundlage des eigenen Erfolgs ist immer die Zufriedenheit des Kunden mit der erbrachten Leistung, sei dies ein Gegenstand, eine Dienstleistung oder ein Serviceangebot.

Service – Zusatznutzen für den Kunden

Thomas Hildenbrand

1. Begriffsbestimmung

Zuerst der Versuch einer Begriffsbestimmung: Wir reden in diesem Buch nicht über den französischen Begriff „Service", der einen zusammengehörenden Satz Tafelgeschirr meint. Gemeint ist vielmehr der aus dem Englischen stammende Begriff „Service" (Dienst, vom lateinischen servare, was so viel wie dienen meint). Im angelsächsischen Sprachraum wird Service zumeist tatsächlich so verstanden, dass jemandem im wörtlichen Sinn ein Dienst erwiesen wird.

Im Deutschen sieht die Begriffsbestimmung wieder etwas anders aus. Hier wird sowohl die angelsächsische Variante verwendet, zum Beispiel „Ich nehme lieber die Fluggesellschaft x anstatt y, x hat den besseren Service. Aber auch im Sinne einer Dienstleistung findet im deutschen Sprachraum der Begriff „Service" Verwendung. Dienstleistung meint hier eine Leistung, die auch bezahlt wird und z. B. in einer Preistabelle abgebildet werden kann. Diese Anwendung des Begriffs findet sich z. B. wieder im Servicetechniker, der meinen Fernseher reparieren soll, wenn er defekt ist, in der Serviceabteilung, die die Reklamationen entgegennimmt. Wohingegen im Englischen mit Service mehr ein meist immaterieller „kostenfreier" Zusatznutzen für den Kunden gemeint ist, der im Zusammenhang mit einem Produkt, einer Dienstleistung erbracht wird, analog zu dem Beispiel mit der Fluggesellschaft, aber auch z. B. die Servicestation, an der ich meinen Reifendruck selbst prüfen kann, oder der Fressnapf an der Autobahnraststätte, neben dem ich den Hund festbinden kann. In diesem Kapitel soll mehr über den Service in der angelsächsischen Bedeutung gesprochen werden.

Service wird vom Kunden als kostenfreier Zusatznutzen empfunden

Seit der Begriff „Servicewüste Deutschland" vor mehr als 10 Jahren geprägt wurde, haben wir uns zwar weiterentwickelt, sind aber von blühenden Landschaften in dieser Hinsicht im Vergleich zu servicegeprägten Ländern wie den USA oder Großbritannien noch Lichtjahre entfernt. Bestenfalls haben wir den Stand einer Steppenlandschaft erreicht. Auf einschlägige Beispiele dafür werde ich später noch näher eingehen.

> **Service: Ein immaterieller, kostenfreier Zusatznutzen für den Kunden.**

2. Warum eigentlich?

Den Service ständig weiter entwickeln

Aber warum sollen wir uns in puncto Service denn eigentlich weiterentwickeln? Schließlich sind wir keine Amerikaner. Die Stärke von uns war früher doch immer unser technisch hochwertiges Produkt. Damit sind wir schließlich die Exportnation Nr. 1 geworden. Die ganze Welt kauft bei uns ein.

Auf einige Sparten wie den Maschinenbau, den PKW- und Nutzfahrzeugbau mag das heute vielleicht noch zutreffen. In vielen Bereichen wie der optischen Industrie, der (hochwertigen) Spielzeugindustrie, der Uhrenindustrie, um nur einige zu nennen, ist dies längst Vergangenheit. Früher mag zwar der Schnee weißer und der Himmel blauer gewesen sein. Aber wie mein Lehrlingsmeister mal so richtig sagte: „Bua, Friher isch verbei!" („Bub, Früher ist vorbei" für die Nichtschwaben). Was für uns und unsere Kinder zählt, ist das Heute, das Morgen und das Übermorgen.

Fortschreitende Globalisierung

Durch die fortschreitende Globalisierung ist es schon heute möglich, von fast jedem Ort dieser Welt vergleichbare Produkte zu beziehen. Das Internet ermöglicht uns, vom heimischen Wohnzimmer aus bei einem Glas australischem Wein und den Knabbernüssen aus Kalifornien auf dem Computer aus Japan in der ganzen Welt einzukaufen. Wir können die Produkte bequem miteinander vergleichen und Waren von fast jeder x-beliebigen Stelle auf dem Globus direkt an unsere Haustür liefern lassen. Derweilen spielt unsere Kleinste mit Puppen aus China und Junior macht sich an einem Handy aus Schweden (könnte bald auch China sein) zu schaffen. Wie wäre es heute mit einem neuen Passat, zusammengestellt auf der VW-Website und bestellt in Italien wegen der günstigeren Preise und des Mehrwertsteuerausgleichs? Oder soll's lieber ein Toyota sein? Den gibt's mit meiner Wunschausstattung jetzt schon mit 5 Jahren Garantie bei einem Händler in Dänemark.

Nur den wenigsten Herstellern von Serienprodukten und einigen Manufakturen für Luxusgüter gelingt es, sich diesem Trend zu entziehen. Ein weiterer, bei hochwertigen Konsumgütern feststellbarer Trend ist, dass nicht nur die Produkte selbst standardisiert sind, sie werden auch in standardisierten Fabriken nach standardisierten Herstellungsverfahren weltweit auf die gleiche Art und Weise hergestellt. Eine Entwicklung, die Ford und GM schon in den 20er-Jahren des vergangenen Jahrhunderts begonnen haben, die aber erst heute mit der schwindenden Bedeutung von Nationalstaaten in vollem Maß zum Tragen kommt. Demzufolge gilt für die Mehrzahl der Firmen heute: Die angebotenen Produkte und Dienstleistungen vom Auto über die Brustvergrößerung in Tschechien bis hin zum Zahnersatz aus Ungarn sind in Bezug auf Leistungsmerkmale, Verfügbarkeit und Qualität vergleichbar, wenn nicht sogar austauschbar. Differenzieren kann ich mich nur noch durch einen außergewöhnlichen Service.

Differenzierung durch außergewöhnlichen Service

Gleichheit der Produkte wegen:
1 **fortschreitender Globalisierung**
2 **stärkerer Standardisierung**
3 **vergleichbarer Qualität**
4 **weltweiter Verfügbarkeit**
5 **weltweiter Angebotstransparenz**

Service = Alleinstellungsmerkmal

3. Die Kenntnis des Kunden ist entscheidend

Unbedingte Voraussetzung, mich durch Serviceleistungen zu differenzieren, ist die genaue Kenntnis des Kunden bzw. der Kundenwünsche. Kenne ich meinen Kunden bzw. dessen Wünsche nämlich nicht genau, ist die Wahrscheinlichkeit hoch, dass der Kunde:

1. meine Bemühungen nicht erkennt
2. meine Bemühungen nicht oder nicht angemessen honoriert

3. im schlimmsten Fall meinen gut gemeinten Service sogar ablehnt

Hier einige Beispiele:

1. Meinen Supermarkt seniorengerecht mit motorisierten Einkaufswagen, kleinen Portionen bei Fertiggerichten usw. zu gestalten läuft ins Leere, wenn es dieser Zielgruppe überhaupt nicht möglich ist, von zu Hause einigermaßen komfortabel zu meinem Markt zu gelangen (vergl. REWE-Markt in „Das Märchen vom König Kunde," Ederer/Seivert)

2. Es bringt auch nichts, mit Hilfe von Finite-Elemente-Berechnungen die Haltbarkeit meines Bauteils in allen Lastfällen nachzuweisen, wenn es sich bei dem Teil um einen simplen Abstandshalter mit vernachlässigbar geringer Belastung handelt, die ein geübter Techniker im Kopf überschlägt

3. Wenn eine Gaststätte hauptsächlich von berufstätigen Gästen zur Einnahme des Mittagessens in der eh zu kurzen Mittagspause besucht wird, ist eine extrem freundliche Bedienung zwar zunächst vielleicht angenehm. Wenn ich als Gast dafür dann aber zu lange warten muss, bis ich meine Rechnung begleichen kann, um wieder rechtzeitig an meinem Arbeitsplatz zu erscheinen, führt das wahrscheinlich dazu, dass ich mir das nächste Mal ein anderes Lokal aussuche

Servicewüste Deutschland

Ganz zu schweigen von den sattsam bekannten Beispielen, die zur Abstempelung Deutschlands als Servicewüste führten. Hier eine meiner ganz persönlichen Erfahrungen:

Ich muss an meinem Wagen die reguläre Inspektion durchführen lassen, um nur ja meinen Garantieanspruch nicht zu verlieren. Ich rufe zuerst die Fachwerkstatt meines Vertrauens an und frage nach einem Termin. Nach einigem Feilschen bekomme ich sogar recht zeitnah einen, bei dem ich nur drei der Termine in meinem Terminkalender verschieben muss. Vorsichtshalber reserviere ich für das Abgeben des Fahrzeugs beim Händler bis zu meinem nächsten geschäftlichen Termin zwei Stunden. Nicht weil die 5 km Distanz zu meinem Betrieb so weit wären, eher sagt mir mein Bauch, dass noch etwas dazwischenkommen könnte. Die Frage, wann ich mein Auto wieder bekomme, habe ich mir auch erspart. Bei den letzten Inspektionen bekam ich stereotyp immer die Antwort „16 Uhr". Natürlich muss ich den Wagen spätestens bis um 17 Uhr abholen, weil dann die Werkstatt schließt. Also habe ich darum gerungen, den Termin so zu legen, dass ich mit Sicherheit den ganzen Tag im Betrieb verbringe und keine Auswärtstermine wahrnehmen muss. Außerdem habe ich die Zeit nach 16 Uhr in meinem Kalender als belegt reserviert, um meinen fahrbaren Untersatz am Abend noch holen zu können, um nach Hause zu kommen.

An besagtem Tag zur vereinbarten Uhrzeit stehe ich also mit meinem KFZ auf dem Hof meiner Werkstatt und melde mich bei meinem Servicepartner. An der Theke herrscht schon hektisches Treiben. Hastig wird von einem geschäftigen Mitarbeiter mein Auftrag entgegengenommen. Er ist sichtlich bemüht alles recht zu machen und fragt mich, wie ich denn zur Arbeit zu kommen gedenke. Ich antworte ihm: *„Ich hatte gehofft, dass ich von Ihrem Bring-und-Hol-Dienst dorthin gebracht werde."* Er ist darauf wohl schon gefasst und zuckt von daher nicht mal mit der Wimper. Er meint nur: *„Nehmen Sie bitte an dem Tisch Platz, unser Fahrdienst wird gleich kommen. Sie können sich gerne auch einen Kaffee an dem Automaten nehmen, solange Sie warten."* Von so viel Service ganz benommen beschließe ich, auch auf die Gefahr hin, unverschämt zu wirken, eins draufzusetzen. Ich setze meine allerfreundlichste Stimme auf und frage: *„Auf Ihrem Schild steht, dass Sie einen Bring-und-Hol-Dienst anbieten. Wäre es evtl. möglich, dass ich von der Arbeit abgeholt werde oder dass mir einer Ihrer Mitarbeiter den Wagen bringt? Ich könnte ihn ja wieder zurückfahren."* Dies ruft auf seinem Gesicht gleichzeitig den Ausdruck aufrichtiger Heiterkeit und unüberwindbarer Ablehnung hervor. Nachdem ich mir mit halbem Ohr die Begründung der Ablehnung angehört habe, setze ich mich an den Wartetisch. Das mit dem Kaffee klappt auch nicht auf Anhieb. Die Patronen für den Cappuccino sind alle, außerdem ist das Ding nicht in Gang zu kriegen. Nachdem ein anderer Mitarbeiter meine vergeblichen Bemühungen bemerkt hat, schaltet er die Maschine ein und ich komme doch noch zu einem Kaffee. Ein Schwarzer ist schließlich auch nicht schlecht.

Zum Glück habe ich mir einige Unterlagen mitgenommen, die ich jetzt durchlesen kann. So ist die Wartezeit nicht verloren. Während des Durchlesens meiner Unterlagen beobachte ich nebenbei das Treiben im Eingangsbereich und an der Theke. Einmal fällt mir ein älterer Herr auf, der kurz zu mir herübersieht, einen Moment mit seinem Blick auf mir verweilt, dann aber durch die Ausgangstür verschwindet. Beim Durchlesen des Berichts ist eine halbe Stunde vergangen. Leider war der Fahrdienst immer noch nicht da. Also gehe ich erneut zur Theke, um mich nach dem Stand der Dinge zu erkundigen. Dabei erfahre ich, dass der Fahrer vor 15 Minuten weggefahren sei und gleich wieder da sein müsste. Die Frage, warum er mich nicht mitgenommen hat, konnte mir leider nicht beantwortet werden. Es wurde nur etwas von einer anderen Richtung gemurmelt. Mich hat bisher allerdings noch keiner gefragt wo ich denn hin muss. Bei der nächsten Fahrt werde ich aber mit Sicherheit nicht vergessen werden. Ich hole mir also noch einen zweiten Kaffee. Als bekennender Schwabe kann ich es mir natürlich nicht entgehen lassen, wenn es mal was umsonst gibt.

Nach weiteren 15 Minuten kommt der ältere Herr, der mir schon vorher aufgefallen war, zu mir an den Tisch: *„Wollen Sie auch noch in die Stadt mitgenommen werden?"* Nachdem ich die Frage bejaht habe, werde ich noch nach dem Fahrziel gefragt, darf mit zwei weiteren Herrschaften in einem PKW Platz nehmen und schon geht's ab. Das Schicksal meint es gut mit mir und ich darf, nachdem zuvor die zwei anderen Herren abgesetzt wurden, direkt an der Pforte meines Betriebs aussteigen. Nun bleibt mir nur noch die Aufgabe, das Abholen zu organisieren. Letztes Mal habe ich dazu für den größten Teil der Strecke den Werksbus benutzt und einen längeren Abendspaziergang genossen. Nur leider passen die Abfahrtszeiten des Busses meist nicht zu meinen relativ ungeregelten Arbeitszeiten. Nach knapp zwei Stunden kann ich also meine Arbeit, mit deren Einkünften ich übrigens die Werkstattrechnung bezahlen werde, aufnehmen.

Wäre die Terminabstimmung so gelaufen, dass der Mechaniker gleich hätte beginnen können, wäre ich wahrscheinlich mit einem frisch gewarteten Wagen in derselben Zeit gleich wieder weggefahren. Die nächsten paar Stunden geht es hektisch zu. Ich habe daher keine Muße, weiter über die Geschichte nachzudenken. Und Fortuna schlägt an diesem Tag sogar noch einmal zu. Von einem Kollegen erfahre ich zufällig, dass er sein Fahrzeug am Abend auch bei derselben Werkstatt von der Inspektion holt. Im Unterschied zu mir hat er aber zu meiner Verwunderung einen Ersatzwagen gestellt bekommen. Warum, erfahre ich erst am Abend auf der Fahrt. Beim Kauf seines Modells ist das Stellen eines Ersatzwagens während des Werkstattaufenthalts inbegriffen. Gott sei Dank, es lag also nicht an meiner unsympathischen Ausstrahlung. Die Logik dahinter entzieht sich allerdings trotzdem meinem Verständnis. Kosten tun die beiden Modelle nämlich in etwa dasselbe. Im Unterschied zu meinem Kollegen brauche ich als Vater noch kleiner Kinder aber was Familientaugliches, will sagen, ein Pseudosportwagen kommt für mich eben nicht in Frage. Die Fahrt zur Werksvertretung eines namhaften deutschen Automobilherstellers dauert an diesem Abend 10 Minuten, da viel Verkehr ist. Normalerweise fahre ich diese Strecke etwa um 19:30 Uhr, da ist es schon etwas ruhiger. Allerdings hat die Werkstatt dann geschlossen. Die Schlüsselübergabe dauert noch einmal fünf Minuten und damit ist der Fisch geputzt. Zu Hause werde ich dann noch gefragt, warum ich schon so bald Feierabend habe.

Bei uns ist man geneigt, sich mit einem solchen Schicksal abzufinden. Ein Smalltalk mit meinen japanischen Konzernkollegen belehrte mich allerdings eines Besseren. Dort macht der Witz die Runde, dass man seinen Autohändler nur durch Auswanderung oder Tod los wird. Zu meinem Erstaunen erzählte er mir, dass er gar nicht wüsste, wo seine Autowerkstatt eigentlich ist. Er hat sie nämlich noch nie gesehen. Wenn an seinem Wagen die Inspektion fällig ist, wird er von seinem Händler angerufen, um einen Termin zu vereinbaren, wann das Fahrzeug geholt werden kann. Zum entsprechenden Termin wird dann der Wagen abgeholt und ein Ersatzwagen bereitgestellt. Interessanterweise wissen die Händler meist auch, welchen Neuwagen man voraussichtlich nächstes Mal zu kaufen gedenkt. Das ist dann in der Regel das Modell, das man als Ersatzwagen bereitgestellt bekommt.

Die genaue Kenntnis der Kundenwünsche führt zu besserer Servicequalität

Meine Vermutung, dass das wohl nur für japanische Modelle der gehobenen Klasse gilt, erwies sich als falsch. Europäische Anbieter verhalten sich im Land der aufgehenden Sonne auch nicht anders. Es scheint noch nicht mal eine Rolle zu spielen, ob es sich um ein Modell der Oberklasse oder einen kleinen Stadtwagen handelt. Möglich ist dies nur durch genaue Kenntnis des Kunden bzw. der Kundenwünsche. Wie aber lernt man den Kunden und dessen Wünsche so genau kennen? Einen praktikablen Ansatz bietet uns das Kano-Modell.

> **Vermeidung teurer Fehlentwicklungen und unnötiger (Werbe)kosten ist nur durch genaue Kundenkenntnis möglich.**

4. Das Kano-Modell: Lerne den Kunden kennen

Das Modell wurde von Dr. Noriaki Kano, einem Professor und Unternehmensberater in Japan, entwickelt. Dr. Kano und Dr. Deming haben beide die Entdeckung gemacht, dass viele Kunden überhaupt nicht wissen, was sie eigentlich wollen. Ein Kunde kann nur das fordern, was er glaubt zu wollen. Denn das Kano-Modell versucht, die Wünsche des Kunden auf dem Markt zu verstehen. Darum teilt er die Kundenwünsche in drei verschiedene Kategorien oder Qualitäten ein.

1. Grundqualität

2. Leistungsqualität

3. Besondere Qualität

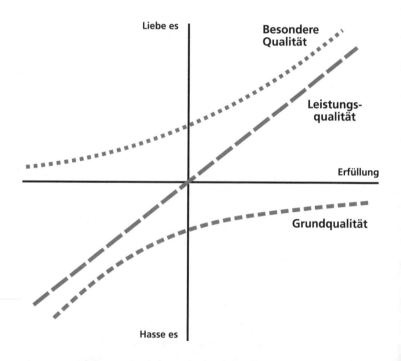

1. Grundqualität

Schauen wir uns diese Qualität, es kann genauso gut ein Service sein, etwas genauer an. Wie aus der Kurve oben zu ersehen ist kann ich demzufolge durch die Erfüllung dieser Qualität bzw. durch die Erbringung dieser Leistung den Kunden nicht wirklich begeistern. Im günstigsten Fall habe ich eine unausgesprochene Erwartungshaltung erfüllt. Durch Fehlen eines Merkmals in dieser Kategorie werde ich mir andererseits mit an Sicherheit grenzender Wahrscheinlichkeit den Unmut meines Kunden zuziehen.

Hier ein Beispiel: Wenn mein Postbote mir die Post bringt, dann erwarte ich, dass er die Briefe, so es von der Größe her noch möglich ist, bei mir in den Briefkasten wirft. Sollte er eines Tages die Briefe ohne erkennbaren Anlass einfach vor der Tür ablegen, werde ich zumindest erstaunt sein. Werden dann noch durch Wind und Wetter die Briefe davongeblasen, durchnässt oder sonst irgendwie beschädigt, werde ich mit hoher Wahrscheinlichkeit verärgert sein. (Eine Ausnahme bilden vielleicht Rechnungen.) Das Interessante daran ist, dass ich mich weder mit der Post noch mit dem Postboten weder schriftlich noch verbal je darüber ausgetauscht habe. Wir beide, der Postbote und ich, gehen stillschweigend davon aus, dass dem so ist.

Einige Beispiele unausgesprochener Erwartungshaltung

Ein zweites Beispiel: Stellen Sie sich vor, Sie betreten ein Gasthaus der oberen Mittelklasse und bestellen einen Rinderbraten und dazu einen passenden Rotwein. Die freundliche und zuvorkommende Kellnerin bringt Ihnen nach einer angemessenen Zeit genau die von Ihnen bestellten Speisen und das Getränk und stellt Ihnen den appetitlich duftenden Teller auf den Tisch. Allerdings serviert Sie den Braten und den Beilagensalat auf Kunststofftellern und den Wein in einem Pappbecher. Sollte das Ganze jetzt geschmacklich noch in Ordnung sein, werden Sie als genügsamer Mensch vielleicht nicht rebellieren, eine gewisse Enttäuschung wird sich Ihrer jedoch mit Sicherheit bemächtigen. Wenn Sie anstatt der warmen Mahlzeit jetzt auch noch eine Kaltschale serviert bekommen, ist auch bei Ihnen dann Amadeus am Letzten. Und das, obwohl Sie auf Nachfrage zugeben müssten, dass ich Sie mit keinem Wort darauf hingewiesen habe, dass Sie in einer Gaststätte dieser Kategorie Porzellangeschirr und Trinkgläser erwarten. Geschweige denn dass Sie gesagt hätten, Sie möchten das Essen warm zu sich nehmen. Sollten Sie sich dann noch anhören müssen, dass das Plastikgeschirr kostengünstiger in der Wartung sei und sich kalte Speisen einfacher lagern lassen, möchte ich darauf wetten, dass Sie dieses Lokal nie mehr betreten. Diese Beispiele sind natürlich konstruiert, weniger drastisch gehören sie aber zu unser aller Erfahrungsschatz. Sei es die Bockwurst, bei der wir den Senf extra bezahlen müssen, das Hotelzimmer ohne Minibar, die kalt angelieferte Pizza usw..

2. Leistungsqualität

Hier ist der Fall schon etwas anders gelagert. Hier sagt der Kunde genau, was er will. Wie aus dem Diagramm links ersichtlich, wird das Vorhandensein dieser Merkmale vom Kunden auch positiv wahrgenommen und die Zufriedenheit gesteigert.

Die Kundenzufriedenheit steigern

Ein Beispiel: Sie bestellen in dem besagten Restaurant ein schönes Steak und möchten es medium gebraten. Das Steak kommt genau so, wie Sie es möchten, ist nicht zu sehr durch und auch nicht zu roh im Kern. In dem Maße, in dem Sie das erhalten, was Sie bestellt haben, steigert sich die Zufriedenheit mit dem Produkt bzw. der Dienstleistung. Ist Ihnen das Fleisch hingegen zu roh, werden Sie unzufriedener, Sie lassen es evtl. noch einmal braten, geben es zurück oder, oder. Haben Sie auch noch einen halbtrockenen anstatt eines bestellten trockenen Rotweines dazu bekommen, wird's immer kritischer.

Zweites Beispiel: Sie bestellen telefonisch bei einem Versandhaus ein weißes Hemd, ein blaues Sakko mit blauer Hose, eine rote Krawatte, schwarze Socken und ein schwarzes Paar Schuhe in der passenden Größe, um Ihrem Mann zum Geburtstag etwas Sinnvolles schenken zu können, damit der nicht immer so unordentlich herumläuft. Es wird Ihnen zugesichert, dass Sie das Paket mit der kompletten Lieferung noch diese Woche erhalten. Am Freitag kommt das Paket tatsächlich vollständig an. Das freut Sie sehr, schließlich war die Bestellung erst am Mittwoch aufgegeben worden und Ihr Mann hat schon am Samstag Geburtstag. Sie wischen sich den Schweiß von der Stirn und sind froh, dass alles trotz der knappen Zeit noch geklappt hat. Natürlich bestellen Sie beim nächsten Mal wieder beim selben Versandhaus und empfehlen es auch gerne weiter. Wenn allerdings die schwarzen Socken nachgeliefert werden, ist der Eindruck schon nicht mehr so positiv. *„Hoffentlich werden nicht noch mal Versandkosten berechnet"*, denken Sie sich. Stellen Sie auch noch fest, dass die Schuhe eine Nummer zu klein sind, wird's schon ein wenig ärgerlich. Ist dann zu allem Überfluss die Hose zum Sakko auch noch grün anstatt blau, schlägt's dreizehn. Wir können dann nur noch hoffen, dass das Versandhaus kompetente Mitarbeiter im Beschwerdemanagement hat.

Wie schon gesagt, wir können in dieser Kategorie unseren Kunden zufrieden stellen, im ungünstigen Fall bei Fehlen eines geforderten Merkmals aber auch vergraulen. Das heißt, wir müssen auch hier wie bei der Grundqualität sehr genau darauf achten, dass die geforderte Leistung stabil erbracht wird. Aber es heißt ja nicht umsonst *„Gefahr erkannt, Gefahr (hoffentlich) gebannt"*. Die schlechte Nachricht ist, dass es sich bei der geforderten Leistungsqualität um Merkmale handelt, die der Kunde explizit fordert. Somit kann diese Forderung von unserem Mitbewerber auch (mehr oder weniger) relativ einfach erfüllt werden.

3. Besondere Qualität

Dabei handelt es sich um Leistungsmerkmale, die von Kunden weder gefordert noch erwartet werden.

Beispiele: Im schon bekannten Gasthaus wird zu dem bestellten Essen noch ein kleiner Aperitif gereicht, der nicht zusätzlich berechnet wird. Oder wenn Sie alleine zum Essen gekommen sind, werden Sie gefragt, ob Sie die Tageszeitung haben möchten, während Sie auf das Essen warten. Oder es wird Ihnen ein praktisches, am oberen Hemdknopf zu befestigendes Sabberlätzchen (natürlich sauber) angeboten, mit dem Sie Ihre teure Armanikrawatte vor Spritzern schützen können. Das hört sich jetzt lustig an, ist mir aber schon passiert, und zwar im Flugzeug. Ich fand das damals ganz praktisch.

Besondere Servicequalität durch unerwartete Zusatzleistungen

Es kann auch die Weitergabe von Informationen sein, die Ihrem Kunden von Nutzen sind, sie müssen noch nicht einmal im Zusammenhang mit Ihrem Produkt oder Ihrer Dienstleistung stehen.

Es kann eine spezielle Beratung sein, die Ihnen als Single hilft, sich konform zum geltenden Modediktat einzukleiden. Geboten wird das beispielsweise vom Versandhaus „Lands' End".

Mir fiel beispielsweise mal positiv auf, dass mein Wagen nach der Inspektion gewaschen und innen herausgesaugt war. Wenn das von der Werkstatt grundsätzlich so gehandhabt wird, ist es für deren Mitarbeiter insofern schon eine Verbesserung, als nicht unnötig Schmutz in die Werkstatt verbracht wird.

Es geht bei diesen Dingen nicht darum, dass mit viel Aufwand ein Zusatznutzen generiert wird. Vielmehr soll der Kunde positiv überrascht und begeistert werden. Hier hilft es nicht wirklich weiter, dies mit hohen Kosten zu erreichen. Die muss ich nämlich an anderer Stelle wieder hereinholen. Es geht vielmehr darum, auf kreative und phantasievolle Weise einen nachhaltig positiven Effekt zu erzielen.

Risiken

Einen Haken gibt es dabei allerdings, der nicht unerwähnt bleiben soll: Die positive Wirkung solcher Zusatzleistungen hat eine kurze Halbwertszeit. Spätestens nach dem zweiten oder dritten Mal wird das Ganze als neuer Standard wahrgenommen. Wird diese Leistungsqualität dann aus welchem Grund auch immer nicht mehr erbracht, sind wir wieder beim Thema nicht erfüllter Grundqualität.

Risiko der Zusatzleistungen: Die Kunden gewöhnen sich schnell daran

Mir fällt in diesem Zusammenhang das Beispiel mit den „Noträdern" ein, die vor einigen Jahren von den Automobilherstellern anstatt der bis dahin üblichen Ersatzräder eingebaut wurden. Damals ging ein Aufschrei durch die Autofahrergemeinde, der rational nicht so ganz erklärbar ist. Sind wir doch ehrlich, die meisten von uns wissen noch nicht mal, wo sie das Ersatzrad eigentlich finden. Geschweige denn, dass sie es schon jemals gebraucht hätten.

Ich kann mich auch daran erinnern, dass die Lufthansa eine Zeit lang aus Kostengründen keine Bordverpflegung mehr ausgab, zumindest in der Holzklasse. Man konnte sich damals im Wartebereich eine Art Lunchpaket zusammenstellen und mit auf den Flug nehmen. Vor einigen Jahren wurde das allerdings wieder aufgegeben, es kam wohl bei den Fluggästen nicht so gut an. Interessanterweise ist die Bordverpflegung bei den Billigfluggesellschaften kein Thema. Es müssen eben auch das Preis-Leistungs-Verhältnis und die Zielgruppe stimmen.

Chancen
Die damit verbundenen Möglichkeiten gehen dagegen nahezu ins Unendliche. Das Schöne daran ist auch, dass es eben nicht um teure Features geht, sondern vielmehr darum, neue Ideen zu generieren und umzusetzen. Positive Beispiele gibt es mittlerweile zuhauf und auf allen erdenklichen Gebieten:

Positive Beispiele zusätzlicher Leistungen
Da gibt es den Supermarkt, der ein Sortiment fertig verpackter Geschenke anbietet. Wie vielen von uns ist nicht schon in letzter Sekunde eingefallen, dass morgen Hochzeitstag ist und wir mit leeren Händen dastehen. Und wer dann beim Verpacken von Geschenken noch zwei linke Hände hat wie ich, weiß einen solchen Service zu schätzen.

In einem anderen Geschäft werden spezielle Singletage veranstaltet, an denen man sich mit Gleichgesinnten treffen und an einer kleinen Bar ein Schwätzchen halten kann. Mit hoher Wahrscheinlichkeit werden dann gleich auch die notwendigen Wocheneinkäufe von dieser in der Regel recht zahlungskräftigen Klientel mit erledigt.

Ein Apotheker aus unserer Nachbargemeinde liefert beispielsweise die Medikamente für meinen Vater abends an der Haustüre ab. Wer weiß, wie viele Medikamente ältere Menschen oft brauchen, kann abschätzen, dass sich diese Tour für ihn allemal lohnt. Natürlich wäre es auch möglich, die Arzneimittel über das Internet zu bestellen. Aber versuchen sie mal meinen Vater mit seinen über 85 Jahren dazu zu bewegen, sich an den Computer zu setzen. Für ihn ist das Internet eine Ausgeburt des Teufels.

Hier tun sich im einen oder anderen Fall sogar Chancen für ganz neue Geschäftsfelder auf. Das ganze SMS-Geschäft beruht beispielsweise nur auf der Frage, welchen Kundennutzen ich mit ein paar übrig gebliebenen Bytes kommunikationstechnisch noch anfangen könnte.

Das Beste daran ist, dass, solange Ihr Wettbewerber es nicht tut, Sie selbst bestimmen können, was Sie wann und in welchem Umfang einführen. Sie sind also in einem proaktiven Modus. Sobald allerdings Ihr Mitbewerber Neuerungen erfolgreich umgesetzt hat, bleibt Ihnen meist nur noch, so schnell wie möglich nachzuziehen, um nicht Gefahr zu laufen, Kunden zu verlieren. Die positive Auswirkung einer solchen Maßnahme bleibt Ihnen verwehrt, denn jetzt wurde bereits ein neuer Standard gesetzt.

Kommen wir noch einmal zu unseren japanischen Autohändlern zurück. Warum können sie denn, einmal von fehlenden Beschränkungen wie Ladenöffnungszeiten u.ä. abgesehen, die Kundenwünsche so genau vorhersehen? Die Antwort liegt in einer ausgeklügelten Fragetechnik, die stark an das Kano-Modell erinnert.

Kundendaten erfragen und sammeln

Zunächst einmal werden systematisch alle Kundendaten gesammelt. Es wird einfach alles gesammelt, was erfragt werden kann: Geschlecht, Alter, Familienstand, Wohnort, Vorlieben, Hobbys, Kinderzahl, Alter der Kinder, Beruf, usw.. Durch geschickte Auswertung der Daten kann mit hoher Treffsicherheit auf die Kundenwünsche geschlossen werden. Wenn z.B. ein junges Paar zu meinem Kundenstamm gehört, das derzeit einen Kleinwagen besitzt, wirtschaftlich relativ gut abgesichert ist und in der eigenen Wohnung lebt, dann kann ich mit hoher Wahrscheinlichkeit davon ausgehen, dass das nächste Fahrzeug, das sie sich zulegen wollen, ein Kombi oder ein Minivan sein wird. Wenn ich dann bei der anstehenden Inspektion ein solches Fahrzeug als Ersatzfahrzeug bereitstelle, habe ich gute Chancen, dass auch der nächste Wagen bei mir gekauft wird.

Ich war übrigens vor kurzem hier in Deutschland bei einem Autohändler, der eine japanische Marke vertritt. Ich wurde noch nicht einmal nach meinem Namen gefragt. Lediglich für welches Modell ich mich interessiere, wurde gefragt. Der Grund, warum ich dieses Modell haben will, wurde dagegen nicht erfragt.

Das Kano-Modell teilt die Kundenwünsche in drei Kategorien ein:

1. Grundqualität
Was der Kunde erwartet, ohne dies explizit zum Ausdruck zu bringen.

2. Leistungsqualität
Was vom Kunden ausdrücklich gewünscht wird, z. B. in einem Pflichtenheft.

3. Besondere Qualität
Was den Kunden positiv überrascht und begeistert, was aber weder gefordert noch erwartet wird.

5. Die Schatzsuche oder die strategische Ausrichtung

Die spannendste Frage ist natürlich: *„Wie finde und hebe ich den Schatz?"* Da gibt es mehrere Möglichkeiten:

1. Ich warte, bis mich die Muse küsst und mir die göttliche Eingebung einflüstert

2. Ich warte, bis mir die Idee von anderer Stelle zugetragen wird

3. Ich gehe methodisch vor

Zu den ersten beiden Varianten kann ich nicht sehr viel beitragen.

Deshalb hier mein Vorschlag für Variante 3:

1. Zielgruppendefinition

Kräfte zielgerichtet auf eine genau umrissene Zielgruppe richten

Zuallererst stelle ich mir die Frage: Wie kann ich meinen Kunden bzw. meine Zielgruppe beschreiben? Wie schon der amerikanische Service-Papst Karl Albrecht sagte: *„Für jemanden ganz Bestimmten etwas Besonderes sein, das ist der Kern der kundenorientierten Strategiebestimmung."* Die Beschreibung sollte so genau wie möglich erfolgen, um ein scharf gezeichnetes Profil zu erhalten. Je sorgfältiger ich dabei vorgehe, desto leichter fallen mir die späteren Folgeschritte. Außerdem habe ich fast immer und überall mit begrenzten Ressourcen zu kämpfen, seien dies meine Zeit, finanzielle Mittel oder was auch immer. Je zielgerichteter ich meine Kräfte auf eine genau umrissene Zielgruppe richten kann, desto höher ist die Wahrscheinlichkeit, dass ich dieser Gruppe einen passgenauen und bedarfsgerechten Nutzen bieten kann. Je mehr ich in die Breite anstatt in die Tiefe gehe, desto größer wird die Gefahr, dass sich, bildlich ausgedrückt, mein Schlag auf eine zu breite Fläche verteilt und damit wirkungslos bleibt. Um die Stämme zu fällen, mit denen ich meine Hütte bauen will, brauche ich eine Axt, keinen Vorschlaghammer.

2. Grundqualitäten definieren

Für den zweiten Schritt nehme ich mir das Kano-Modell zur Hand und beginne mit der Frage: *„Welches sind die Grundqualitäten, die der Kunde, die Zielgruppe von meinem Produkt bzw. meiner Dienstleistung erwartet?"* Hier hilft es meist, die bisher aufgetauchten Beschwerden (falls vorhanden) mal ganz genau unter die Lupe zu nehmen. Dies darf nicht zu oberflächlich geschehen. Der Beschwerdeanlass ist nicht notwendigerweise immer der eigentliche Grund des Problems. Fragen Sie die 5 „Ws", damit meine ich nicht nur „wie, wo, was, wann, wer", sondern fragen Sie sich konsequent, warum, warum, warum, warum, warum? So wie Sie es von Ihren Kindern gelernt haben. Das hilft dem wirklichen Grund besser auf die Spur zu kommen.

Grund der Kundenbeschwerden genau hinterfragen

Beispiele:
Unterschätzen Sie diesen Schritt nicht.

- Nur 4 % der Kunden beschweren sich, der Rest geht wenn möglich kommentarlos zu Wettbewerbern (vgl. Wilson, 1991, S. 134)

- Ein zufriedener Kunde erzählt dies 1–3-mal weiter, ein unzufriedener 11-mal

Allein schon daraus lässt sich ermessen, welche negative Hebelwirkung in diesen Grund- oder Basisqualitäten liegt. Beziehen Sie in Ihre Untersuchung bitte auch möglichst die ganze Lieferkette mit ein. Aus eigener Erfahrung kenne ich Fälle, bei denen ein Produkt nur deshalb beim Kunden am Montageband nicht eingebaut wurde, weil der Montagemitarbeiter einen etwas höheren Aufwand bei der Entnahme aus der Verpackung nicht in Kauf nehmen wollte. Es wurde deshalb nur dann verbaut, wenn aus irgendeinem Grund das Wettbewerbsprodukt gerade nicht vorrätig war.

3. Leistungsqualitäten definieren

Im dritten Schritt geht es um die Leistungsqualität. Dies ist insofern relativ einfach, als es hier um Merkmale geht, die vom Kunden explizit gefordert werden. Zum Beispiel:

- Das bestellte rote Hemd ist grün
- Die Lieferzeit wurde um 3 Tage überschritten
- Die Schraube hat nur 50 % der angegebenen Zugfestigkeit

Mit einem brauchbaren Qualitätsmanagement sollten sich hier sehr schnell die Schwerpunkte herausarbeiten lassen.

4. Besondere Qualitäten definieren

Im vierten Schritt betrachten wir die schwierigste Qualität, die „besondere Qualität". Dabei kann einem eine ausgefeilte Fragetechnik von Nutzen sein, mit Hilfe derer ich den Kunden direkt befragen kann. An dieser Stelle sollten Sie vor allen Dingen offene Fragen stellen, also Fragen, die nicht mit ja oder nein beantwortet werden können. Die Antworten haben aus mehreren Gründen eine wesentlich höhere Aussagekraft:

- Die Jas und Neins werden speziell bei Fragebögen meist nach sehr oberflächlichem Lesen der Frage gesetzt
- Sie erfahren mit offenen Fragen sehr viel mehr über die Denkweise Ihrer Kunden
- Die Gefahr, dass Sie durch die Fragestellung unbewusst die Antwort schon vorwegnehmen, ist wesentlich geringer
- Werden die Fragen in einem Gespräch mit möglichst entspannter Atmosphäre gestellt, fühlt sich der Kunde auch wesentlich stärker beachtet. Somit können Sie schon mit der Art der Fragestellung die Kundenbeziehung festigen

Verbesserter Service durch persönliche Kundenbefragung

Wenn irgend möglich sollte die Kundenbefragung persönlich erfolgen. Dadurch kann die oder der Befragende auch durch die Reaktion des Kunden wertvolle Informationen erhalten. Ist die Befragung persönlich nicht möglich, stellt die telefonische Befragung die zweitbeste Lösung dar. Erst wenn dies aus welchen Gründen auch immer auch nicht möglich ist, sollten Sie auf einen Fragebogen zurückgreifen. So weit als möglich standardisiert sollten die Fragen in jedem Fall sein, um die Antworten miteinander vergleichen zu können und natürlich auch, damit wichtige Fragen nicht vergessen werden. Behalten Sie bei der Formulierung der Fragen im Kopf, dass der Kunde, wie eingangs bei der Einführung ins Kano-Modell erwähnt, meist gar nicht weiß, was er denn für zusätzliche Wünsche hat. Er kann Ihnen in der Regel nur indirekt Hinweise geben, wo Sie durch einen verbesserten Service punkten können.

Ein Beispiel, das zwar nicht aus dem Servicebereich kommt, das aber den Vorgang sehr deutlich zeigt: Vor einigen Jahren waren die elektronischen Haustiere in Form von Schlüsselanhängern, Tamagotchi genannt, bei Kindern sehr populär. Ich bin mir ziemlich sicher, dass kein Kind an den Produzenten mit der Bitte, so etwas herzustellen, herangetreten ist. Vielmehr wurde von den Entwicklern dieses Spielzeugs erkannt, dass:

- Kinder gerne ein Haustier haben

- Eltern in der Regel nicht wissen, wer dann zum Schluss dafür sorgt

- es keine ethischen Probleme aufwirft, ein elektronisches Wesen sterben zu lassen

- Eltern gerne bereit sind, einen nicht zu hohen Betrag dafür auszugeben, dass ihr Kind für einige Zeit damit aufhört, um einen Hund oder eine Katze zu betteln usw.

Dass zum Schluss 15 Kinder ihren Lehrer bitten, ihr Tierchen zu versorgen, während sie am Unterricht teilnehmen müssen, war zwar sicherlich nicht beabsichtigt, zeigt aber sehr schön, wie wirkungsvoll dieses Spielzeug einen Kundenwunsch erfüllt hat, der zuvor so gar nicht artikulierbar war. Ähnlich verhält es sich mit Serviceleistungen wie z. B. einer Lifetimegarantie. Erst langsam setzt sich dieser meines Wissens aus Amerika kommende Gedanke auch bei uns durch. Ich glaube mich noch daran erinnern zu können, dass die Pioniere dieses Gedankens wie z. B. Tupper zu Anfang die Garantie noch auf 30 Jahre beschränken mussten, weil unsere Gesetzgebung eine echte Liefetimegarantie gar nicht zuließ. Daran kann man sehr gut erkennen, welchen Paradigmenwandel das bei uns bedeutet hat. Sogar der Gesetzgeber konnte sich nicht vorstellen, dass für einen Verbrauchsartikel wie eine Vorratsdose oder ein paar Schuhe (Lands' End) eine Garantie auf Lebenszeit gewährt werden kann. Und das in Deutschland, das lange Zeit qualitativ einen Ruf hatte, der vielleicht nur noch von den schweizerischen Uhrmachern übertroffen wurde.

Stellen Sie also „W"-Fragen wie z. B.:

- Welche Handgriffe werden bei der Nutzung des Produkts besonders häufig ausgeführt?
- Wie zufrieden sind Sie mit dem Beschwerdemanagement?
- Wie schnell kamen Sie mit der Handhabung zurecht?
- Wissen Sie, wie Sie auf unserer Homepage Ihre Fragen stellen können?
- Wie schnell sollte ein Antrag Ihrer Meinung nach beantwortet werden?
- Wie lange dauert Ihrer Meinung nach eine akzeptable Wartezeit am Telefon?
- Warum verwenden Sie bei Reklamationen bevorzugt die Schriftform?

usw.

Auch Ihre Mitarbeiter, vorzugsweise die mit dem engsten Kundenkontakt, sind eine wertvolle Ressource für Ihre Recherche:

- Wo hat der Kunde den größten Erklärungsbedarf?
- Wie häufig wird welche Frage gestellt?
- Welcher geforderte Service ist am schwierigsten zu erbringen? Warum?

usw.

5. Zieldefinition

Zielfindung durch objektives Bewertungssystem

Im fünften Schritt stecken Sie die Ziele ab: Die in Schritt 2 gewonnenen Erkenntnisse geben Ihnen die Zielsetzungen bei den Grundqualitäten vor. An dieser Stelle noch einige Anmerkungen zum Zielfindungsprozess: Es macht eventuell Sinn, dabei ein möglichst objektives Bewertungssystem zu nutzen. Oft werden die Ziele zu impulsiv festgelegt. Gründe dafür können zum Beispiel sein:

1 Die aktuelle Stimmungslage im Unternehmen verfälscht die Bewertung der Bedeutung eines Einzelzieles (aktuelle Reklamation, Ergebnissituation im laufenden oder vergangenen Quartal usw.)

2 Modetrends verleiten dazu, sich Ziele zu setzen, die gerade hip sind, die aber u. U. nicht wirklich zu Verbesserungen führen

3 Wunschdenken oder Befürchtungen nehmen überhand

4 Einzelne Faktoren werden nicht beachtet. Faktoren, die sich später gerade als entscheidend erweisen

5 Unterschiedliche Interpretationen des Inhaltes eines Zieles. Was ist denn genau gemeint. Ein Glossar zu erstellen wirkt dann manchmal Wunder und vermeidet im Vorfeld unnötige Konflikte
Einzelne Personen oder Charaktere dominieren aufgrund ihrer Position oder ihres Charismas den Zielfindungsprozess

Die Zieldefinition ist eine, wenn nicht die Schlüsselstelle im ganzen Serviceentwicklungsprozess. Falsche, schwache oder unklare Ziele führen fast automatisch zu Folgefehlern, die mit Sicherheit unnötige Kosten nach sich ziehen werden. Im schlimmsten Fall können sie den ganzen Prozess kippen.

Schlüsselstelle im Serviceentwicklungsprozess ist die Zieldefinition

> **Bemühen Sie sich um größtmögliche Objektivität bei der Zieldefinition.**

Ein Bewertungssystem, das das leistet, sollte Folgendes leisten:

1 Die wesentlichen Einflussfaktoren müssen berücksichtigt werden

2 Die Hebelwirkung der Ziele soll einschätzbar werden

3 Es muss einfach in der Handhabung sein, da es in periodischen Abständen aktualisiert werden muss

4 Es muss Entscheidungshilfe liefern, um die Anzahl der Ziele in einem überschaubaren Rahmen zu halten

Nachfolgend ein Beispiel dafür, wie ein solches Zielbewertungssystem aussehen könnte. In der folgenden Tabelle sind beispielhaft einige Beurteilungskriterien aufgeführt. Diese müssen natürlich auf Ihr Geschäft individuell angepasst werden.

Kriterien der Zielbewertung

Nutzen aus Sicht des Kunden	... wie wirkt sich die Zielerreichung auf den Nutzen des Serviceangebots aus Kundensicht aus? Es wird dabei ausschließlich die Sicht des Kunden berücksichtigt. Je höher der Nutzen, desto besser.
Einfluss des Mitbewerbers	... wie schwirig ist es für den Mitbewerber, ein gleich- oder höherwertiges Ziel zu erreichen? Je schwieriger, desto besser.
Generierte Zusatzkosten	... welche Kosten werden generiert, um das Ziel zu erreichen?
Rahmenbedingungen	... welche Rahmenbedingungen sprechen für das Ziel und die Chance, es zu erreichen?
Zusatzpotenzial für die Generierung von Zusatzgeschäft	... wie viel zusätzlicher Umsatz lässt sich bei Zielerreichung voraussichtlich generieren?
Ergebnispotenzial	... wie wird sich die Zielerreichung voraussichtlich auf das Ergebnis auswirken?
Risikopotenzial	... welche Risiken könnten sich ergeben? Wie hoch sind diese einzuschätzen?
Zeitfaktor	... wie lange dauert es voraussichtlich, das Ziel zu erreichen?
Niveaustabilität	... wie sicher lässt sich das neue Ziel auf dem verbesserten Niveau halten?

Die Bewertung erfolgt dann in folgenden Schritten:

1. Je Ziel werden pro Kriterium 1–3 Punkte vergeben, die den Status des Ziels bezogen auf das jeweilige Kriterium wiedergibt

2. Diese Zahl wird mit einem Faktor multipliziert, der die Bedeutung dieses Beurteilungsbereichs richtig bewertet

3. Die entstehende Zahl wird ins dafür vorgesehene Feld eingetragen

4. Entsprechend werden die anderen Aspekte des Projekts bewertet, gewichtet und multipliziert

5. Die Gesamtnote ergibt die augenblickliche Wertigkeit des Zieles

Ziele 1, 2, 3	Krit. A x 3	Krit. B x 2	Krit. C x 3	Krit. D x 2	Krit. E x 1	Krit. F x 3	Krit. G x 1	Krit. H x 1	Punkte

Die Ergebnisse dieses Bewertungssystems lassen sich dann in ein Paretodiagramm übertragen. Gehen Sie bei Ihren Aktionen nach Paretodiagramm vor. Es macht wenig Sinn, sich mit Kleinigkeiten und Einzelfällen ein zügiges Vorankommen zu erschweren. Beginnen Sie

Thomas Hildenbrand

Zuerst die Ziele mit der größten Wirkung umsetzen

mit den Bereichen, die die größte Wirkung erzielen. Das gibt Ihnen später, wenn Sie den (finanziellen) Erfolg Ihrer Arbeit ernten, den Freiraum, sich mit den verbliebenen Punkten zu beschäftigen. Sobald die Wahrnehmung aller Beteiligten geschärft ist bzw. dringende Punkte abgearbeitet sind, rücken Bereiche, die zuallererst als nicht so dringend empfunden wurden, von ganz allein in den Vordergrund.

Zielsetzungen könnten hier sein:

- Reduzierung des Beschwerdegrundes XY um 90 %
- Halbierung der Durchlaufzeit von Auftragsart A
- Schwankungsbreite von BCD reduzieren

usw.

Die Ziele für die Leistungsqualität sehen ähnlich aus. Auch hier geht es in der Hauptsache darum, Abweichungen zum Soll zu vermeiden.

Mögliche Zielsetzungen:

- Reaktionszeit zur Telefongesprächsannahme halbieren
- Reklamationsgrund C eliminieren
- Antragsbearbeitung nach X Tagen abschließen

usw.

Schwieriger wird es da schon bei den Zielen der besonderen Qualität. Hier geht es schließlich um neue, innovative Dinge. Daher lassen sich an dieser Stelle am ehesten rein strategische Zielsetzungen anwenden, wie zum Beispiel:

- Umsetzung des Projekts Fahrdiensteinführung bis zum 01.10.2006
- regelmäßige Ermittlung der Kundenzufriedenheit ab dem ...
- Einführung von Prozess XYZ bis zum ...

usw.

Hier reicht es natürlich auch nicht, nur die Daten aus Kundenbefragungen, Qualitätsanalysen und Mitarbeiterbefragungen auszuwerten. Es ist hier auch notwendig, durch geeignete Mittel neue kreative Ideen zu entwickeln. Dazu können Hilfsmittel wie Brainstorming, Ursachen- und Wirkungsanalysen, Mindmapping, sieben Hüte oder Ähnliches sehr nützlich sein. Was Sie aber auf jeden Fall tun sollten, ist, sich die Frage zu stellen, wie kann ich mein Produkt oder meine Dienstleistung attraktiver machen hinsichtlich:

Durch geeignete Mittel neue kreative Ideen entwickeln

Verfügbarkeit	Umweltfreundlichkeit	Ästhetik
Universalität	Einfachheit	Sympathie
Preis	Prestige	gesundheitsfördernder Wirkung
Personalisierung	Gewicht	Übersichtlichkeit
Einzigartigkeit	Genauigkeit	Rentabilität
Effektivität	Effizienz	Größe
Modernität	Sauberkeit	Verständlichkeit
Haltbarkeit	Mobilität	Modegesichtspunkten
usw.	usw.	usw.

Es versteht sich beinahe von selbst, dass der Prozess der Zieldefinition wenn immer möglich so gestaltet sein sollte, dass eine möglichst große Zahl der Mitarbeiter aus möglichst allen Bereichen daran teilnehmen kann. Damit erreichen Sie ein Maximum an Commitment, das Sie bei der schnellen Umsetzung dieser Ziele mit Sicherheit noch brauchen werden. Das heißt nicht, dass der Prozess über alle Strecken demokratisch ablaufen muss. Tatsächlich wäre es sogar ideal, wenn diejenigen, die nah am Kunden sind, entsprechend höheren Einfluss bei der Zieldefinition haben. Aber möglichst alle sollten verstehen, warum diese Ziele so und nicht anders formuliert wurden. Und jeder sollte wissen, wie seine Arbeit zur Erreichung dieser Ziele beiträgt, ähnlich wie in der Geschichte mit den 3 Steinmetzen: Ein Mann kommt auf eine Baustelle. Weil der Bau erst begonnen wurde, ist noch nicht so recht zu erkennen, was denn hier eigentlich entstehen soll. Tatsächlich ist nur ein Gewirr von Baumaterialien, Maschinen und Menschen zu erkennen, die geschäftig am Tun sind. Um mehr herauszufinden, geht er zu einem Steinmetz, der gerade einen Stein bearbeitet, und fragt ihn, woran er denn hier arbeite. Die Antwort des Arbeiters ist: *„Ich behaue einen Stein, damit er in die Mauerlücke passt."* Diese Antwort half dem Mann noch nicht wirklich zur Beantwortung seiner Frage. Daher fragte er den nächsten Steinmetz, woran er denn hier arbeite. *„Ich bin gerade dabei, einen Torbogen aufzurichten"*, war die Antwort. Noch immer nicht zufrieden mit dem Gehörten, fragt unser

Mann den dritten Steinmetz, woran er denn arbeite. Dieser gab zur Antwort: *„Ich baue zusammen mit meinen Kollegen eine Kathedrale."* Jeder Ihrer Mitarbeiter sollte wie der dritte Steinmetz in der Lage sein, zu sagen, welches Bauwerk sie zusammen errichten werden. Noch bevor es für jeden ohnehin offensichtlich ist.

Betroffene zu Beteiligten machen

Ein weiterer wichtiger Grund für diese Vorgehensweise erschließt sich aus einer Wahrheit, die mir ein amerikanischer Trainerkollege einmal beigebracht hat, als ich in einer gefrusteten Stimmung zu ihm sagte, dass Menschen nun einmal jeder Veränderung zunächst Widerstand entgegensetzen. Er meinte: *„Menschen widersetzen sich nicht der Veränderung. Aber sie widersetzen sich dagegen, verändert zu werden."* Dass in diesen zwei Sätzen viel Weisheit steckt, habe ich seitdem in vielen Veränderungsprozessen festgestellt. Sobald sich der Sinn von Maßnahmen den Betroffenen erschließt, finden selbst sehr unangenehme Aktivitäten meist eine hohe Akzeptanz. Achten Sie also darauf, dass Sie Betroffene zu Beteiligten machen. Wenn Sie über radikale Veränderungen im Bereich Service nachdenken, sind Sie später um jede mithelfende Hand froh.

Zieldefinition visualisieren

Es hat sich dabei immer wieder bewährt, den Prozess der Zieldefinition durch entsprechende Hilfsmittel zu visualisieren. Eine aus einer Vielzahl von Möglichkeiten sei hier kurz dargestellt:

Das Aktionsfelddiagramm ist in vier Bereiche eingeteilt, die in Bezug auf die Intensität der zu ergreifenden Aktivitäten unterschiedlich zu behandeln sind.

Zuerst wird im Diagramm ein oberer und ein unterer Bereich unterschieden.

Oberer Bereich:
Im oberen Bereich nimmt der Kunde die erzielte Leistung positiv wahr.

Unterer Bereich:
Diese „Leistung" wird negativ wahrgenommen. Ihre Verbesserungsanstrengungen sollten sich selbstredend verstärkt auf diese Hälfte richten.

Feld B:
Dieser Bereich erfordert im Augenblick am wenigsten Aufmerksamkeit. Die Zufriedenheit des Kunden ist hier hoch. Auf der anderen

Seite wird der Bereich in der Wichtigkeit vom Kunden als nicht besonders hoch empfunden.

Feld C:
Hier wird es schon kritischer. Im Moment sind die Kunden mit dem Service zufrieden. Sollten Sie aber mit Ihren Anstrengungen nachlassen, seien Sie gewarnt. Der Kunde reagiert sehr sensibel auf eine schlechter werdende Performance, weil er die Bedeutung sehr hoch einschätzt.

Feld A:
Steter Tropfen höhlt den Stein. Vom Kunden werden Defizite zwar als nicht sehr bedeutend eingestuft. Aber wenn Sie Pech haben, kumuliert sich der Ärger. Und irgendwann fällt der Tropfen, der das Fass überlaufen lässt.

Feld D:
Höchste Eisenbahn, etwas zu unternehmen. Nicht nur dass die Kundenzufriedenheit unterdurchschnittlich ist. Darüber hinaus wird das Delta zum Wunschzustand als besonders gravierend empfunden. Beginnen Sie mit Ihren Anstrengungen unbedingt hier, und zwar bald. Es kostet sehr viel mehr Anstrengung, einen neuen Kunden zu gewinnen, als einen bestehenden zu behalten.

1. Route festlegen:
Die Ziele sind nun definiert. Als nächstes sollten Sie die Route dorthin festlegen. Sie dürfen sich nicht scheuen, die dabei auftretenden Schwierigkeiten zu benennen. Nur dadurch, dass Sie sich mit den auftretenden Gefahren auseinander gesetzt haben, sind die erfolgreichen Forscher und Entdecker in der Vergangenheit ans Ziel gekommen. Sie bauten z. B. Fahrzeuge so, dass sie sich leicht zerlegen ließen, falls es nur noch auf Tragtieren oder zu Fuß möglich war, eine Schlucht zu überwinden (Beispiel Renault bei seinen ersten Automobilfahrten nach China). Trotzdem haben diese Pioniere natürlich auch weiße Flecken auf der Landkarte akzeptiert und auf die Phantasie und den Mut und das Improvisationstalent von sich und ihren Leuten vertraut.

Route festlegen und sich mit den dabei auftretenden Gefahren auseinander setzen

Wenn Sie sich dazu entschlossen haben, die Servicewüste Deutschland fruchtbar zu machen, dann haben Sie sich sicherlich manchmal einer ähnlich schwierigen Aufgabe wie die Polbezwinger oder die Erstbesteiger des Everest gestellt.

- Nutzen Sie nun alle verfügbaren Informationen, um die Projekte zu definieren, die sie zu Ihrem Ziel führen sollen

- Regeln Sie die Verantwortlichkeiten für die Durchführung aller Projekte und Maßnahmen

- Setzen Sie Meilensteine und achten Sie auf deren Einhaltung

Oder, um es kurz zu machen: Setzen Sie ein Projektmanagement auf, das Ihnen erlaubt, den strategischen Fortschritt zu verfolgen.

2. Vorbereitungen treffen:

Das Ziel rechtzeitig erreichen

Nachdem die Route nun feststeht, sollten Sie sich darüber Gedanken machen, dass Sie als Eroberer der Servicewüste Ihr Ziel erreicht haben, bevor der Winter kommt, dass die Nahrungsmittel- und Brennstoffvorräte ausreichen, dass die Navigation stimmt. Das heißt, Sie brauchen ein Kennzahlensystem, mit dem Sie Ihr Unternehmen auf Zielkurs halten können.

Dieses System muss drei Dinge leisten:

- Ihnen darf unterwegs das Geld nicht ausgehen. Sie müssen Ihre Kosten und Ihr Ergebnis im Griff haben. Es sollte Ihnen also Kosten- und Ergebniskennzahlen liefern

- Das System muss Ihnen eine Aussage darüber liefern, ob Sie Ihre Projekte planmäßig abschließen können, ob Sie unter den gegebenen Umständen mit den beschlossenen Projekten Ihr Ziel rechtzeitig erreichen werden oder ob noch Sondermaßnahmen notwendig sind. Letztlich liefert es so den Hinweis, ob Ihre Strategie noch stimmt

- Es muss Ihnen Aussagen über den zurückgelegten Weg, den Ressourcen-Verbrauch usw. liefern und Ihnen damit widerspiegeln, wie Ihr operatives Geschäft läuft

3. Organisatorischer Umbau:

Nun fehlt nur noch eines: Die Organisation muss auf die Erreichung dieses Zieles ausgerichtet werden. Anders als die schon erwähnten Entdecker und Forscher möchten Sie die neuen Gebiete auf Dauer erschließen, schließlich wollen und müssen Sie wirtschaftlichen Nutzen daraus ziehen. Dazu brauchen Sie Verkehrswege, eine Energie- und Wasserversorgung usw., mit einem Wort: Sie brauchen eine Infrastruktur.

Die geweckten Erwartungen erfüllen

Ihr Erfolg wird sich, falls er sich überhaupt einstellt, in engen Grenzen halten, wenn Sie am Markt ein gutes oder sogar exzellentes Serviceangebot platzieren, auf der anderen Seite aber Ihre interne Organisation gar nicht in der Lage ist die geweckten Erwartungen zu erfüllen. Die Organisation muss folglich service- bzw. kundenorientiert ausgerichtet werden. Es muss je nach Geschäftsfeld vielleicht sogar möglich sein, dass Produkte regelrecht beim Kunden entwickelt werden (vergl. Mettler Toledo S. 58). Eine konsequente Serviceorientierung erfordert kurze Entscheidungswege. Mitarbeiter müssen die Verantwortung für ihr Tun tragen und sie brauchen die erforderlichen Kompetenzen, um eigenverantwortlich handlungsfähig zu sein. Silos dürfen gar nicht erst entstehen, um zu vermeiden, dass die Organisation mehr mit sich selbst als mit dem Kunden beschäftigt ist. Dies erfordert zumeist ein radikales Umdenken auch und gerade von den Vorgesetzten.

Volle Integration aller Bereiche

In vielen Organisationen sieht es heute noch so aus, dass Mitarbeiter der eigenen „Abteilung" zu sogenannten Teammeetings, die dazu dienen sollen, eine größere Kundenorientierung zu erreichen, mit dem Auftrag losgeschickt werden, das Optimum für den eigenen Bereich herauszuholen. Aber nicht nur das, sogar die Bonuszahlungen der einzelnen Bereiche richten sich oftmals noch einzig und allein nach den Einzelergebnissen und nicht nach dem Erfolg beim Kunden. In einer solchen Umgebung wird selbstverständlich das neue Servicepflänzchen nicht lange sprießen. Was Sie in einer serviceorientierten Organisation brauchen, ist die volle Integration aller Bereiche. Vom Einkauf bis zum Vertrieb, von der Entwicklung bis zum Reparatur- und Wartungs-„Service", vom Auftragseingang bis zur Kundenbetreuung nach der Inbetriebnahme.

Kooperationen mit anderen Unternehmen und Institutionen können je nach Geschäftsfeld ebenfalls ein wichtiger Bestandteil einer wirkungsvoll serviceorientierten Einheit sein.

- Zum einen ergeben sich dadurch in bestimmten Fällen ganz neue Möglichkeiten, dem Kunden etwas zu bieten

- Zum anderen werden nur die wenigsten Organisationen in der Lage sein, alle Produkte und Dienstleistungen zu einem wettbewerbsfähigen Preis anbieten zu können. (Wer von vielem ein bisschen macht, macht nichts richtig.)

Vier Prinzipien für exzellenten Service

Nur wenn Ihnen das gelingt, werden Sie dauerhaft in der Lage sein, die von Leonard L. Berry, dem amerikanischen Experten für Service- und Dienstleistungsqualität, formulierten vier Prinzipien (Top-Service 1996, S. 71) für exzellenten Service nachhaltig praktizieren zu können:

1 Zuverlässigkeit im Hinblick auf akkuraten und verlässlichen Service, z. B. Zusagen auch einhalten

2 Überraschung, d. h. sich etwas einfallen lassen – ein Extra, mit dem der Kunde nicht gerechnet hat

3 Kulanz, um das Vertrauen des Kunden zurückzugewinnen, wenn der Service einmal mangelhaft war

4 Fairness als Grundhaltung für den gleichberechtigten Umgang zwischen Unternehmen und Kunden

6. Zusammenfassung

Service ist ein immaterieller, kostenfreier Zusatznutzen für den Kunden.

Gleichheit der Produkte wegen:

- fortschreitender Globalisierung

- stärkerer Standardisierung

- vergleichbarer Qualität

- weltweiter Verfügbarkeit

- weltweiter Angebotstransparenz

Service = Alleinstellungsmerkmal
Vermeidung teurer Fehlentwicklungen und unnötiger (Werbe)kosten ist nur durch genaue Kundenkenntnis möglich.

Das Kano-Modell teilt die Kundenwünsche in 3 Kategorien ein:

1. Grundqualität
Was der Kunde erwartet, ohne dies explizit zum Ausdruck zu bringen.

2. Leistungsqualität
Was vom Kunden ausdrücklich gewünscht wird, z. B. in einem Pflichtenheft.

3. Besondere Qualität
Was den Kunden positiv überrascht und begeistert, was aber weder gefordert noch erwartet wird.

Bemühen Sie sich um größtmögliche Objektivität bei der Zieldefinition.

Kurzprofil Trainer

Birgit Kettler

Birgit Kettler
Zum Kleifeld 20
59469 Ense-Höingen

BirgitKettler@
coaching-concepts.de

www.coaching-
concepts.de

Die Dipl. Betriebswirtin VWA verfügt über langjährige Management-Erfahrungen als Geschäftsführerin in der Unternehmensführung sowie in der Vertriebssteuerung und Führung von internationalen Vertriebsorganisationen.

Aufbauend auf ihre umfangreichen Führungserfahrungen sowie den beruflichen Background – besonders auch im internationalen Umfeld – konzentriert sich ihre Arbeit auf die Bereiche der Persönlichkeitsentwicklung, der Zielorientierung sowie den Verkauf.

Ihre besonderen Schwerpunkte liegen in der aktiv gestalteten Kundenbindung und der Mitarbeitermotivation.

Erfolgsfaktor Kundenbindung

Birgit Kettler

1. Einleitung

Unsere Kunden sowie der gesamte Markt unterliegen ständigen Veränderungsprozessen und werden heute mehr denn je vom Verdrängungswettbewerb bestimmt. Die Wettbewerbssituation ist in vielen Märkten geprägt durch ein starkes Konkurrenzverhältnis zwischen den Anbietern. Viele Unternehmen haben ihr Hauptaugenmerk auf die Produkteigenschaften gelegt und gehen davon aus, dass mit Produktverbesserungen sowie -innovationen allein die Steigerung der Kundenzufriedenheit erreicht wird. Hierbei ist zu hinterfragen, ob die Produktqualität allein beim Prozess der Kaufentscheidung die dominierende Rolle spielt oder ob darüber hinaus nicht noch andere Faktoren den Kaufabschluss beeinflussen.

Die Kunden sind heute gut informiert, anspruchsvoller und deutlich fordernder. Sie haben die Macht im Markt übernommen. Daher spielt die dauerhafte Kundenbindung im Unternehmen eine zentrale Rolle für den zukünftigen Unternehmenserfolg. Einen bestehenden Kunden nachhaltig an das eigene Unternehmen zu binden ist deutlich kostengünstiger als einen neuen Kunden zu gewinnen. Aus diesem Grund sollten Sie nicht dem Zufall überlassen, ob aus einem Erstkunden ein Stammkunde wird.

Kunden haben die Macht im Markt übernommen

Nicht Konsumverzicht, sondern Kundenloyalität ist die Waffe des Verbrauchers. Denn früher oder später wird der Kunde konsumieren. Die Frage ist nur, wo kauft er sein Produkt oder die Dienstleistung ein?

Gerade bei einer wachsenden Angebotsvielfalt wird es immer wichtiger, die Kunden zu binden, die das Unternehmen bereits gewonnen hat, sowie neue treue Kunden zu generieren.

Kundenloyalität kann sich das Unternehmen nur durch gute Taten verdienen, denn Kundenloyalität ist freiwillig und kann selbst durch die besten Kundenbindungsinstrumente nicht erzwungen werden.

Loyalität bedeutet:
- freiwillige Treue
- emotionale, andauernde Verbundenheit
- leidenschaftliche Fürsprache

Kundenloyalität verlangt, dass Kundenerwartungen dauerhaft (deutlich) übertroffen werden. Dies wird nicht alleine über farbige Prospekte, das Internet bzw. Werbeversprechungen erreicht. Die Erwartungen des Kunden müssen stets übertroffen werden. Die Kundenbegeisterung ist der beste Nährboden für die Kundenloyalität.

Kundenerwartungen müssen dauerhaft übertroffen werden

Loyale Kunden kaufen öfter mehr und sind weniger preissensibel. Damit helfen sie dem Unternehmen Werbe-, Akquise- und Prozesskosten zu sparen, so dass höhere Erträge erwirtschaftet werden können. Gleichzeitig ist ein absolut loyaler Kunde die beste Weiterempfehlung für das Unternehmen. Nicht nur als Stammkunde, sondern insbesondere als aktiver Empfehler sind die Konsumenten am profitabelsten. Darüber hinaus führen die Verbesserungsvorschläge dieser treuen und verbundenen Kunden zu Innovationen.

Bei der zunehmenden Wettbewerbssituation wird es zukünftig noch entscheidender um den loyalen Kunden gehen, d. h., Kundenloyalität zu erreichen und dauerhaft zu erhalten wird damit zu einer der wichtigsten Herausforderungen im Unternehmen.

Die Unternehmen, die sich ganz klar der Loyalitätsführerschaft verschreiben und dies in allen Unternehmensprozessen konsequent umsetzen, werden zukünftig das Rennen um den Kunden machen.

2. Maßnahmen zur Kundenbindung

Alles, was dazu dient, den Kunden an das Unternehmen sowie seine Produkte zu binden und Kundentreue zu erzielen, gehört zur Kundenbindung. Hierzu zählen u. a.:

Kundenbindung muss ein Unternehmensziel sein

- die freundliche und kompetente Kundenansprache
- gute Service-Leistungen
- ein kulantes Beschwerdemanagement
- ein gutes Preis-Leistungs-Verhältnis
- der Aufbau von Vertrauen

Grundsätzlich lassen sich 2 Merkmale herausarbeiten, um die Kunden dauerhaft an das Unternehmen zu binden:

- **Verkaufsorientierung**
  Zum Beispiel aggressive Werbe- und Preispolitik.
  Hierbei steht im Vordergrund die Preisführerschaft.

- **Beziehungsorientierung**
  Der Aufbau einer vertrauensvollen Partnerschaft steht hierbei im Vordergrund.

Hierbei ist festzuhalten, dass für eine langfristige Partnerschaft zwischen einem Unternehmen und seinem Kunden die Intensität der Geschäftsbeziehung entscheidend ist.

3. Kunden-Nutzen-Verhältnis

Das optimale Kunden-Nutzen-Verhältnis bildet einen wesentlichen Bestandteil der Kundenbindung.

- **Ziel des Unternehmens**
  Besteht das Unternehmensziel darin, längerfristige Kundenbeziehungen aufzubauen, oder steht der tägliche Umsatz im Vordergrund?

- **Kundenbewertung**
  Worin besteht der Anreiz für den Kunden, mit dem Unternehmen Geschäfte zu tätigen?

- **Kundenkommunikation**
  Wie werden den Kunden die Produkte/Dienstleistungen des Unternehmens angeboten?

- **Optimierung/Verbesserung**
  Wie können aus der Kundenbeziehung Rückschlüsse auf die Qualität der eingeleiteten Maßnahmen getroffen werden?

4. Kundenorientierung

Mindestanforderungen an die Kundenorientierung

Eine enge und vertrauensvolle Kundenbindung mit langfristiger Kundenloyalität setzt im Unternehmen eine prozessübergreifende und ganzheitliche Kundenorientierung voraus. Dabei sind die folgenden 10 Mindestanforderungen zu berücksichtigen:

1 Mit dem Kunden ist ein sehr enger und intensiver Kontakt über alle Unternehmensbereiche zu pflegen und ein regelmäßiger Austausch, auch außerhalb der Geschäftsräume, zu unterhalten

2 Kundenwünsche, Bedürfnisse sowie Erwartungen sind nicht nur zu erfüllen, sondern zu übertreffen

3 Die Kundenzufriedenheit ist regelmäßig zu prüfen

4 Konzentrieren Sie sich darauf, das Geschäft des Kunden erfolgreicher zu machen und ihn zufrieden zu stellen – dann sind auch Sie erfolgreich

5 Beziehen Sie stets Ihre Kunden in Planungen, Meetings sowie weitere hausinterne Überlegungen ein

6 Bleiben Sie am (Ball) Kunden, indem Sie veranlassen, dass jeder Mitarbeiter seinen Kunden ein- oder mehrfach im Jahr persönlich trifft und/oder bedient

7 Strukturieren Sie die gesamte Unternehmensorganisation sowie die Geschäftsprozesse so, dass die Bedürfnisse der Kunden optimal befriedigt werden

8 Richten Sie die Organisation so aus, dass sie den Zielmärkten und Marktsegmenten entsprechen und stets dieselben Ansprechpartner dem Kunden zur Verfügung stehen

9 Führen Sie eine Kunden-Rückgewinnungsstrategie ein und belohnen Sie die Mitarbeiter-Teams, die vorrangig hieran aktiv beteiligt sind

10 Fördern Sie im Unternehmen kundenfreundliches Verhalten und stellen Sie nur Mitarbeiter ein, die die Kundenbindung aktiv leben

5. Kundenbindungsinstrumente

Ein Grundprinzip des freien Marktes ist der freie Wettbewerb. Die Wettbewerber zielen mit ihrer jeweiligen Wettbewerbsstrategie darauf ab, sich mit Kundenbindungsinstrumenten Wettbewerbsvorteile zu verschaffen.

Wettbewerbsvorteile durch Kundenbindungsinstrumente

Kundenbindungsinstrumente verfolgen somit das Ziel, zusätzliche Kaufargumente und Nutzenaspekte zu suggerieren, die einen Kaufabschluss bei einem anderen Unternehmen erschweren. Darüber hinaus ermöglichen die Kundenbindungsinstrumente die Sammlung von wichtigen Kundendaten (wie z. B. Adresse, Geburtsdatum, Besuchshäufigkeit, E-Mail-Adressen, Produktvorlieben), woraus gezielte und auf den Kunden zugeschnittene Kundenbindungsaktionen abgeleitet werden können.

Kundenkarten, Kundenclubs, spezielle kundenindividuelle Produktangebote, Gutscheine, Verkostungen, proaktives Beschwerdemanagement, Incentives, Events und Kundenzeitungen sind Beispiele für Kundenbindungsinstrumente mit der oben beschriebenen Intention.

Fraglich ist, ob diese Maßnahmen ausreichen, um aus Kunden loyale Kunden als wiederkehrende und fürsprechende Kunden (Fans) zu machen. Dies hängt wesentlich von der Qualität und Kreativität des Instrumentes ab und ob die Kundenbedürfnisse befriedigt werden.

Preisnachlässe, Rabatte, Bonus- und Prämienaktionen zielen beispielsweise immer auf den Nutzen „Ersparnis" ab. Dabei ist zu berücksichtigen, dass diese Art von Zugeständnissen vom Wettbewerb leicht imitiert und getoppt werden können. Der für den Kunden entstehende Mehrwert muss aber nicht stets monetärer Art sein.

Kundenkonferenzen als neuer Ansatz in der Kundenbindung

Neue Ansätze in der Kundenbindung stellen heute Kundenkonferenzen und Kunden-Workshops dar, die als ideale Plattformen der Kundenorientierung genutzt werden können und viele Gestaltungsmöglichkeiten bieten, um die Kunden aktiv in die Unternehmensprozesse einzubeziehen.

Neue Kundenbindungsansätze versuchen das Hauptaugenmerk auf eine verstärkt emotionale Kundenbeziehung zu legen, die unterstützend mit monetären Anreizen gepaart werden können.

Die Entwicklung von der anonymen Kundenbeziehung hin zur freundschaftlichen Beziehung steht im Mittelpunkt. Heute stellt darüber hinaus der aktive Dialog zwischen dem Kunden und dem Unternehmen das wichtigste Kundenbindungsinstrument dar, um eine auf höherem Niveau angesiedelte Kundenbeziehung zu erreichen.

Insbesondere hierbei greift das Instrument der Kundenkonferenzen, da die Einbeziehung des Kunden eine absolute Voraussetzung darstellt.

Damit Kundenbindungsinstrumente ihre Wirkung entfalten können, müssen zuvor gewisse Grundvoraussetzungen, die vom Kunden als selbstverständlich vorausgesetzt werden, erfüllt sein, wie z. B. Topqualität der Ware, freundliches und kompetentes Auftreten der Mitarbeiter, gutes Preis-Leistungs-Verhältnis, gutes Image, Sauberkeit und ein entsprechendes Ambiente des Geschäftslokals.

Auf das Instrumentarium der Kundenkonferenzen gehen wir später im Detail ein, da diese Maßnahme das höchste Niveau im Prozess der Kundenbindung darstellt und der Kunde aktiv und gestalterisch einbezogen wird.

Weitere Maßnahmen zur Verbesserung der Kundenbindung

- Kulantes Beschwerdemanagement
- Direct Mail
- Kundenzeitschriften

- Rabatte
- Kreditkarten
- Gewährung von Kredit- und Ratenzahlung
- Direct-Response-Methoden
- Rückvergütungen
- Konsumentenbeiräte
- Kundenclubs
- Aktives Telefonatmarketing
- Neue Medien

Das nachfolgende Chart verdeutlicht den Realisierungsgrad der Kundenbindungsinstrumentarien:

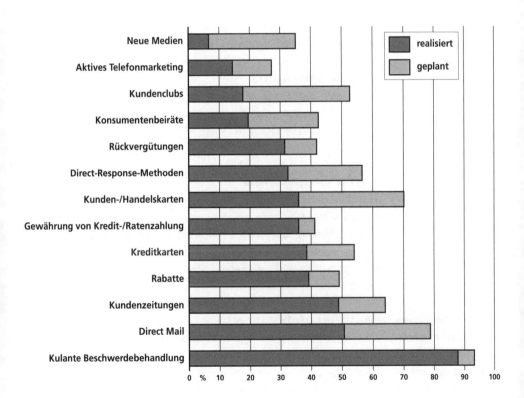

6. Warum loyale Kunden gewinnträchtiger sind

Akquisitionskosten
Die grundsätzliche Überlegung basiert darauf, dass die für langfristige Kundenbeziehungen aufgewendeten Akquisitionskosten nur einmalig anfallen und somit über mehrere Perioden amortisiert werden können. Diese fallen durchschnittlich geringer aus als für Kunden mit kurzfristigen Kundenbeziehungen.
So fallen die Verwaltungskosten für die Aufnahme und Anlage des Kunden z. B. nur in der Startphase an.

Basisgewinn
Hierunter versteht man den Gewinn, der durch den Verkauf von Produkten bzw. Dienstleistungen realisiert wird.

Umsatzwachstum
Bei loyalen Kunden lässt sich oft eine steigende Kauffrequenz feststellen. Zusätzlich werden Cross-Buying-Prozesse ausgelöst. Diese Zusatzverkäufe bewirken in der Regel einen zusätzlichen Umsatz und Gewinn.

Kosteneinsparungen
Transaktionskosten können eingespart werden. Hierunter werden die Kosten verstanden, die aufgrund von Abwicklungsfehlern und Reklamationen entstehen. Dieser Kostenblock reduziert sich in der Regel bei langfristigen Kundenbeziehungen, da die Geschäftsprozesse stets verbessert und weiterentwickelt und somit Fehlerquellen reduziert bzw. vermieden werden.

Negative Weiterempfehlungen – ein nicht zu unterschätzender Faktor

Weiterempfehlungen
Zufriedene Kunden werden ein Produkt bzw. eine Dienstleistung weiterempfehlen. Dies ist ein nicht zu unterschätzender Faktor. Die Erfahrung zeigt, dass zufriedene Kunden ihre Erfahrung im Durchschnitt an 3 Personen mitteilen. Unzufriedene Kunden kommunizieren ihre Erfahrung durchschnittlich an 9 Personen.

Preisprämien
In einigen Branchen zahlen alte Kunden effektiv höhere Preise als neue Kunden, die mit Einführungsangeboten zum Kaufabschluss besonders motiviert werden. Des Weiteren zeigen viele Altkunden die Bereitschaft, beispielsweise bei bekannten und vertrauten Unter-

nehmen (bspw. im Handwerk) einen etwas höheren Preis zu zahlen. Das bedeutet, dass im Zeitablauf die loyalen Kunden weniger preissensibel sind als Neukunden.

7. Die Wirkungskette der Kundenbindung

Die Wirkungskette der Kundenbindung zeigt, dass im Zeitablauf eine Steigerung der Kundenprofitabilität erreicht wird.

Je länger die Kundenbeziehung andauert, desto profitabler kann sich das Geschäft gestalten.

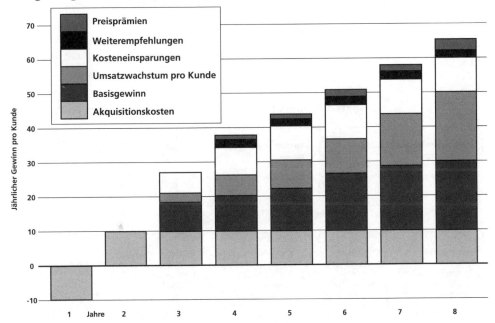

Steigerung der Kundenprofitabilität im Zeitablauf

Die Umsetzung einer umfassenden Kundenorientierung mit den entsprechenden Kundenbindungsinstrumentarien ist mit erheblicher Manpower, finanziellem und organisatorischem Einsatz verbunden.

Die Kundenzufriedenheit ist der langfristige Erfolgsfaktor für das Unternehmen.

Erheblicher Einsatz in die Kundenorientierung zahlt sich aus

Kundenbindung = Unternehmenserfolg

Die Kundenbindung ist hierbei ein wesentlicher Faktor für die Gewinnsteigerung und nachhaltige Sicherung des Unternehmenserfolgs.

- Es ist um 600 % teurer, neue Kunden zu gewinnen, als vorhandene Kunden zu halten

- Die Wahrscheinlichkeit, dass die Kunden nachbestellen, ist bei sehr zufriedenen Kunden um 300 % größer als bei nur zufriedenen Kunden

- Sehr zufriedene Kunden werden mit fast 100 % zu den besten Werbeträgern des Unternehmens

- 75 % der Kunden, die zur Konkurrenz abwandern, bemängeln die schlechte Servicequalität

- 25 % der Kunden, die zur Konkurrenz wechseln, stören die unzureichende Produktgüte sowie der zu hohe Preis

- Wenn die nachhaltige Kundenzufriedenheit um einen Prozentpunkt erhöht werden kann, steigt Return on Investment um 7,25 %

(Zitiert nach Töpfer)

Systematisierung der unternehmensexternen Faktoren

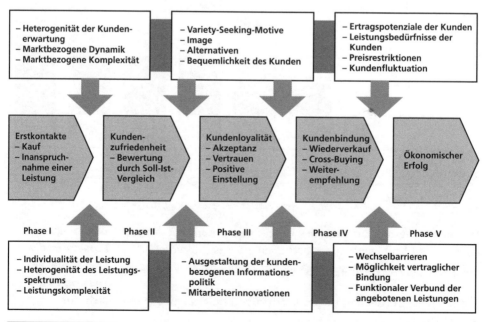

7.1. Kontrolle des Kundenbindungsmanagements

Indikatoren für die Messung der Kundenzufriedenheit/Kundenbindung können sein:
- Wiederkaufrate
- Umsatz aus Weiterempfehlungen
- Kaufintensität
- Kundendurchdringungsrate
- Anzahl der Kundenabwanderungen

7.2. Nutzen des Kundenbindungsmanagements

Direkter Nutzen
- Weniger Abwanderungen
- Cross-Selling-Potenziale
- Reduzierte Werbekosten
- Positive Mund-zu-Mund-Propaganda
- Höhere Preisbereitschaft
- Höhere direkte Einnahmen

Indirekter Nutzen
- Informationen durch besseren Dialog
- Markteintrittsbarrieren für Wettbewerber
- Produktivitätssteigerung der Mitarbeiter

Die Kosten für die Werbung und Gewinnung von Neukunden sind beträchtlich. So wird schnell die Bedeutung einer auf gegenseitigem Vertrauen basierenden Kundenbeziehung deutlich.

Neukundenwerbung ist teuer! Kundenbindung dagegen preiswert

Bei Durchsicht der o. g. direkten und indirekten Nutzen wird deutlich, welche Potenziale in zufriedenen und treuen Kunden stecken.

8. Kundenkonferenzen

Definition: *Eine abgehaltene Versammlung zur Beratung über bestimmte Themen. (Brockhaus)*

Die in gleichmäßigem Turnus wiederkehrenden oder aus besonderen Anlässen anberaumten Sitzungen zum allgemeinen Erfahrungsaustausch oder zwecks Diskussion über bestimmte Probleme/Themen/Fragestellungen bieten als Kundenbindungsinstrument eine breite Facette.

Der Teilnehmerkreis setzt sich aus den Führungskräften bzw. bei Erörterung von Spezialfragen bzw. -themen aus den besonders beteiligten Personen/Fachabteilungen/Kompetenz-Center zusammen.

Die Beschlüsse sind schriftlich in einem Protokoll festzuhalten und ihre Einhaltung und Umsetzung bei der nächsten Kundenkonferenz bzw. beim Follow-up zu kontrollieren. So können die Projektfortschritte und die Umsetzung der entsprechenden Einzelmaßnahmen nachgehalten bzw. Korrekturmaßnahmen und Zwischenziele überwacht werden.

Eine Kundenkonferenz kann zu einer Vielzahl von Anlässen abgehalten werden und ist damit das ideale Forum für die Verbesserung und Weiterentwicklung der Kundenbindung. Kundenkonferenzen eignen sich daher hervorragend zur Überprüfung der Kundenorientierung eines Unternehmens. Der Kunde ist der Repräsentant des Marktes. Seine Bedürfnisse zu kennen, sein Verhalten zu verstehen und daraus eine Orientierung für das Unternehmen abzuleiten, ist ein wesentlicher Erfolgsfaktor.

Kundenkonferenz fördert den Dialog mit dem Kunden

Die Plattform der Kundenkonferenz ist eine ideale Veranstaltungsform, die einen intensiven und partnerschaftlichen Dialog und Austausch mit den Kunden ermöglicht und die ganzheitliche Organisationsentwicklung im Unternehmen als Zielsetzung im Fokus hat. Gemeinsam mit den Kunden werden Ist-Situationen im Unternehmen verbessert, Herausforderungen sowie Chancen entwickelt.

Insbesondere das Herausarbeiten der Kundenerwartungen schafft oftmals eine Basis der Partnerschaft. Die Umsetzung und Realisierung der realisierbaren Kundenwünsche im Anschluss an die Konferenz ist wesentlicher Bestandteil dieses Projekts.

Der Arbeitsstil der Kundenkonferenz ist abwechslungsreich. Die Arbeit in Gruppen wechselt zwischen Präsentationen und Diskussionen. Ein Grundprinzip von Kundenkonferenzen besteht darin, das gesamte Unternehmen auf den Prüfstand zu stellen. Die breite Beteiligung aller Vertreter von kundenrelevanten Prozessen sowie Abteilungen bringt allen Beteiligten eine gute Perspektive über die Sichtweise des Kunden und steigert das gegenseitige Lernen und Verstehen. Hierdurch wird erreicht, dass im Nachgang in den entsprechenden Fachabteilungen die gesetzten Ziele mitgetragen werden und viele Mitarbeiter sich an der Umsetzung der Maßnahmen beteiligen. Die Besetzung mit den richtigen Führungskräften und Mitarbeitern aus dem Unternehmen ist ausschlaggebend für den Erfolg der Kundenveranstaltung.

Ergebnisse einer Kundenkonferenz sind die Erarbeitung eines gemeinsamen Maßnahmenkatalogs, der innerhalb der vereinbarten Zeitfenster umgesetzt wird. Kundenkonferenzen geben dem Unternehmen neue Impulse und Energie. Vorurteile werden beidseitig auf Unternehmens- und Kundenseite abgebaut.

8.1. Zielsetzungen von Kundenkonferenzen

Ein wesentlicher Aspekt der Kundenkonferenzen sind der Meinungs- und Erfahrungsaustausch sowie Strategiesitzungen zu allen Sach- und Fachfragen. Eine Kundenkonferenz ist eine 1–2-tägige Veranstaltung mit potenziellen Kunden. Durch diese komprimierte Tagung – losgelöst vom Alltagsgeschäft – lernen sich die Partner besser kennen, mit der Konsequenz eines beiderseitig besseren Verständnisses für die jeweilige Unternehmenssituation und die Anliegen sowie die internen Abläufe, Produktionsprozesse etc.

Weiterhin erfahren die Kunden eine Wertschätzung, indem ihre Position, ihr Wissen und ihre Meinung gefragt und wichtig sind. So werden die Kunden in Entscheidungen mit einbezogen und tragen darüber hinaus durch ihre Ideenfindungen und Anregungen tatkräftig mit neuen Impulsen bei. Darüber hinaus ist die Kundenkonferenz eine breit angelegte Informationsveranstaltung, die sehr viel Raum für den beiderseitigen Erfahrungsaustausch bietet.

Wertschätzung entgegenzubringen heißt Kunden langfristig zu binden

Durch die Beteiligung und Einbeziehung der Führungskräfte sowie Mitarbeiter werden die gewonnenen Informationen und Ergebnisse im Unternehmen breit gestreut und stärken somit das Verständnis und die Identifizierung mit dem Unternehmen. Die Führungskräfte bzw. die Mitarbeiter erleben mit ihren Kunden das gemeinsame Handeln, das Engagement und die Umsetzung der fixierten Maßnahmen. Der Imagegewinn für das Unternehmen intern bei den Mitarbeitern auf der einen Seite sowie die Außenwirkung bei den Kunden ist beträchtlich und zeigt daher sofort positive Wirkung. Darüber hinaus wird die Kundenbindung intensiviert und deutlich verbessert.

Birgit Kettler

So erhöhen Sie die Qualität des Kundendialogs

Mit Hilfe der Kundenkonferenzen erhält das Unternehmen eine Vielzahl von Informationen bzgl. der gestellten Erwartungen von Kundenseite und kann sich nun besser strategisch sowie operativ hierauf ausrichten. Das Unternehmen gewinnt aus den Kundenkonferenzen Anregungen und Lösungsvorschläge für spezielle Kernfragen und Aufgabenstellungen. Die Qualität des Kundendialogs entscheidet wesentlich darüber, ob das Unternehmen erfolgreich ist.

Aufgrund vielfacher unternehmensinterner Aufgabenstellungen und Probleme, wie Reorganisation, Umstrukturierungen und Investitionen, richtet sich das Hauptaugenmerk der Unternehmensaktivitäten oftmals stärker auf die internen Geschäftsprozesse als auf die Außenaktivitäten. Damit steht der Kunde nicht mehr im Blickfeld und im Fokus. Dies ist häufig dann zu beobachten, wenn große Herausforderungen im Unternehmen zu bewältigen sind. Grundsätzlich darf die Kundenorientierung mit den Kundenbindungsinstrumenten gerade in der heutigen Zeit nicht aus dem Auge verloren werden, da das Unternehmen sehr schnell im Markt an Boden verliert und dem Wettbewerb somit die Kundenpotenziale ungeschützt überlässt. Die Außenorientierung und die damit verbundene zielorientierte Kundenansprache dürfen auf keinen Fall vernachlässigt werden. Die Geschäftsprozesse des Unternehmens sind an den Kundenbedürfnissen auszurichten.

Anlässlich der Kundenkonferenz geht es darum, für die Kundenbeziehung relevante Informationen zu gewinnen. Darüber hinaus stehen folgende Punkte im Fokus:

- Imagegewinn für das Unternehmen

- Vertiefung der Kunden-Lieferanten-Beziehungen

- Informationen über die Kundenerwartung ans Unternehmen als Basis für strategische Entscheidungen

- Anregungen und Lösungsvorschläge für anstehende Fragen und Probleme

- Wie müssen unsere Produkte/Dienstleistungen aussehen, damit die Kundenerwartungen erfüllt werden?

Kundenkonferenzen verfolgen die Ziele

- Erarbeitung von realistisch und quantitativ hohen Ergebnissen

- hohe Akzeptanz der Beteiligten

- hohe Verbindlichkeit für die Umsetzung der Ergebnisse

Anlässe/Einsatzbereiche und Themen für die Durchführung von Kundenkonferenzen

1. Unternehmen im Wandel
   - Neue Strategie
   - Neue Führungsstruktur
   - Verändertes Kundenverhalten/Marktentwicklung
   - Umsatzrückgänge
   - Reklamations-/Qualitätsprobleme
   - Kundenbindungsprobleme
   - Neue Wettbewerbssituation am Markt

Kundenkonferenzen machen den notwendigen Wandel im Unternehmen transparent

2. Bewertung der Kundennähe
   - Bewertung der Produktqualität nach Funktionalität, Zuverlässigkeit, Bedienungsfreundlichkeit, Design etc.
   - Bewertung der Service- und Dienstleistungsqualität rund um das Produkt
   - Qualität der Vertriebsprozesse: Angebotsbearbeitung, Auftragsabwicklung
   - Flexibilität bei Sonderwünschen des Kunden
   - Beratungskompetenz der Verkäufer, Entwicklung von Problemlösungen
   - Aufgeschlossenheit gegenüber Kundenwünschen, Anregungen und Ideen
   - Informationsverhalten gegenüber dem Kunden
   - Qualität des Kundenkontakts

3. Innovationsforum
   - Produktentwicklung/Verbesserung/Verfeinerung
   - Sortimentspolitik
   - Warenpräsentation

4. Zukunftstrends
   - Kundenerwartungen von morgen

8.2. Faktoren für eine erfolgreiche Kundenkonferenz

- Die Führungskräfte sowie das Topmanagement identifizieren sich und unterstützen tatkräftig das Projekt der Kundenkonferenz

- Kundenbindung wird im gesamten Unternehmen als ein wesentlicher Erfolgsfaktor verstanden

- Für die Durchführung der Kundenkonferenz wird ein professioneller Moderator ausgewählt

- Die Vorbereitung und Umsetzungsmaßnahmen erfolgen kompetent und termingerecht

- In der Unternehmenskultur findet eine Veränderung statt, die die ganzheitliche Kundenorientierung im Fokus hat

- Die Schlüsselpersonen im Unternehmen treiben das Projekt mit Leidenschaft und hoher Motivation voran

- Alle Beteiligten werden umfassend über den Nutzen der Kundenkonferenz informiert, so dass das Mitwirken der Mitarbeiter gewünscht wird

- Nach der Kundenkonferenz ist ein zeitnahes Follow-up zwingend erforderlich, um die gewonnenen Erkenntnisse und die damit getroffenen Maßnahmen konsequent umzusetzen

- Positives Feedback bei der Erreichung von Etappenzielen spornt an, die weiteren Schritte konsequent zu gehen

- Das Projektteam trifft professionell die Vorbereitungen, unterstützt die Durchführung der Kundenkonferenz sowie die Nacharbeit

8.3. Ablauf von Kundenkonferenzen

Kundenkonferenzen werden nicht nach Schema F standardisiert durchgeführt, sondern maßgeschneidert auf das Unternehmen und individuell zugeschnitten entwickelt, auf die jeweilige Situation und Zielsetzung des Unternehmens abgestimmt.

Eine Kundenkonferenz könnte folgende Module enthalten:

- Meilensteine des Unternehmens
- Meilensteine für die Kunden
- Analyse: – das Unternehmen am Markt
  – die Kunden am Markt
- Trends/Herausforderungen für die Zukunft
- Wünsche/Erwartungen der Kunden
- die Strategie des Unternehmens
- Maßnahmenplanung

Die Führungskräfte haben die Aufgabe, im direkten Anschluss an die Kundenkonferenz konkrete, realisierbare und wirkungsvolle Maßnahmen zu vereinbaren, die mit höchster Priorität in einem festen und überschaubaren Zeitrahmen im gesamten Unternehmen umgesetzt werden. Ein Review mit den Kunden nach Abschluss der vereinbarten und umgesetzten Maßnahmen rundet das gesamte Projekt der Kundenkonferenz ab. Die Auswertung wird allen Konferenzteilnehmern im Nachgang mitgeteilt.

Nacharbeit der Kundenkonferenz sollte die höchste Priorität gegeben werden

8.4. Effekte und Impulse der Kundenkonferenz

Die Effekte, die mittels der Kundenkonferenz erzielt werden, sind vielfältig und umfangreich.

Nachfolgend eine Auswahl der Effekte sowie Impulse:

- Einbindung der Kunden
- Wichtigkeit der Kunden
- Umwerbung des Kunden als Partner
- Kundenorientierung
- Kundenbindung

- Kundenakquisition

Zusätzlich können darüber hinaus strategisch und operativ bedeutsame Informationen und Ideen gewonnen werden, z. B.

- Entwicklung neuer Konzepte bzgl. Kundenberatung, Service, Betreuung, Kommunikation etc.

- Servicequalität: Mitarbeiter und Organisation

- Beratungsqualität/Beratungskompetenz

- Produktentwicklung/Produktverbesserung

- Produktqualität: Vor- und Nachteile, Mängel

- Qualitätsmanagement

- Kommunikationsqualität

- Mitbewerber: Image, Service, Beratung

- Einstellung zu Dienstleistung und Service

8.5. Fragen zur Organisation einer Kundenkonferenz

Die Vorarbeiten zu einer Kundenkonferenz dürfen nicht unterschätzt werden

- Wie sollen die teilnehmenden Kunden selektiert werden?
  Die Teilnehmer der Kundenkonferenz müssen zueinander passen

- Wer lädt die Kunden ein? Wie sollen die Kunden eingeladen werden?
  Einladen sollte der Auftraggeber, also das Unternehmen, das eine Kundenkonferenz durchführen möchte, und nicht der Moderator

- Wie groß sollte der Teilnehmerkreis sein?
  Kundenkonferenzen sollten eine Teilnehmerzahl von 8–10 Personen nicht übersteigen zzgl. des Moderators sowie ca. 5–8 Mitarbeiter des Unternehmens

- Wo und wann sollte eine Kundenkonferenz stattfinden?
  Kundenkonferenzen sollten in einer dem Klientel angemessenen Atmosphäre stattfinden

Die Kundenkonferenz kann im Hotel bzw. in einem unternehmenseigenen Tagungs-/Konferenzraum realisiert werden. Für eine entsprechende Bewirtung der Teilnehmer ist zu sorgen.

Die Faktoren einer Kundenkonferenz, wie der Anlass und die Art der Veranstaltung, Adressaten der Einladung, Ort und Zeit der Veranstaltung, Rahmenprogramm und Bewirtung sind wesentlich abhängig von der Zielsetzung der Kundenkonferenz. Die Anzahl der geladenen Gäste, das lockere Miteinander, die Atmosphäre sind wichtige Kriterien einer solchen Veranstaltung, die der Kundenbindung an das Unternehmen dienen soll.

Hiermit zeigen Sie Ihren Kunden, dass sich Ihr Unternehmen sehr stark um den Kunden bemüht und kümmert und dass Ihnen die Meinung und Wünsche sowie Anregungen von Kundenseite wichtig sind.

8.6. Organisation und Ablauf von Kundenkonferenzen

Auswahl der Teilnehmer	Gezielt soziale Adäquanz
Beabsichtigte Atmosphäre	Harmonie
Absender der Einladung	Vorstand, Fachabteilung
Konferenzort	Hotel, im Unternehmen
Zeit	Abends, ganztägig
Gruppengröße	8–10 Kunden Moderator 5–9 Mitarbeiter des Unternehmens
Bewirtung	Obligatorisch, der Umfang richtet sich nach Dauer der Veranstaltung
Incentives	Evtl. kleines Gastgeschenk, Fotomappe von Konferenz

Bei Bewirtung muss es heißen: obligatorisch

8.7. Kennzeichen der Kundenkonferenzen

Gruppengröße	8–10 Kunden Moderator 5–8 Mitarbeiter
Veranstaltungsort	im Unternehmen bzw. im Hotel
PR-Effekt	gering, bzw. keine Publizität
Erkenntnisgewinn für das Unternehmen	für betriebsinterne Zielsetzungen
Ziele	intensive Beziehungspflege Partnerschaftsgedanke Kundeneinbindung Kundenbindung

Kunde wirkt aktiv mit Kundenkonferenzen beziehen die Kunden in die Veranstaltung aktiv ein, so dass die Kunden eine starke Aufwertung erfahren.

Hier einige Beispiele:

- Einbindung der Kunden (Wir kümmern uns um euch)

- Wichtigkeit der Kunden (Eure Meinung zählt)

- Umwerbung der Kunden als Partner (Wir brauchen euren Sachverstand)

- Kundenorientierung (Wir wollen auf eure Bedürfnisse eingehen)

- Kundenbindung (Ohne euch schaffen wir es nicht)

- Kundenakquisition (Wir kreieren nicht nur Werbebotschaften und Slogans, wir tun auch etwas)

9. Techniken und Regeln

9.1. Techniken

Der Zweck der Kundenkonferenzen liegt im Herausarbeiten von Kundeninformationen sowie in der direkten Kundenkommunikation mit den verantwortlichen Mitarbeitern des Unternehmens. Dies spart Zeit, da Rückkopplungen sofort stattfinden.

Feedback erfolgt sofort während der Kundenkonferenz

Kreativ-Konferenz

Kreativ-Konferenzen werden genutzt, um neue Ideen für Dienstleistungen oder Produkte zu finden vor dem Hintergrund der folgenden Rahmenbedingungen:

- eine hohe Marktsättigung

- ein hoher Kostendruck

- verkürzte Lebenszyklen

- ein Überangebot gleicher oder vergleichbarer Produkte und Dienstleistungen

- Einkommensstagnation

- hohe Ansprüche der Verbraucher, gepaart mit kritischen Einstellungen

Im Grunde werden Kreativ-Konferenzen als Ideenfindungs-, Problemlösungs- und/oder Innovationskonferenzen bezeichnet. Kunden-Kreativkonferenzen haben den Vorteil, dass die Ideen aus dem Kundenkreis kommen, die dem Unternehmen nahe stehen und mit ihm langjährige Erfahrung haben.

Kumulativ-Konferenz

Dies ist eine Fortführung einer zweiten, nachgeschalteten Kundenkonferenz, die auf die Erkenntnisse der ersten Veranstaltung aufbaut. Sie kann als reine Fortführung verstanden werden. Die zweite Konferenz kann auch als Kontrollkonferenz dienen, um die Resultate der ersten Veranstaltung zu überprüfen.

9.2. Regeln

- Der Moderator übernimmt die zentrale Rolle der inhaltlichen und formalen Steuerung der Kundenkonferenz

- Darüber hinaus übernehmen bei der Kundenkonferenz ein oder mehrere Vertreter des Unternehmens eine maßgebliche Funktion als Ansprechpartner für diverse Diskussionspunkte

- Eine Führungskraft des Unternehmens eröffnet die Veranstaltung, gibt im Anschluss an die externe Moderation weiter und übernimmt am Ende der Kundenkonferenz die dankenden Abschiedsworte

Unparteilichkeit des Moderators ist unbedingt erforderlich

- Die Moderation sollte niemals von einem Unternehmensmitarbeiter übernommen werden. Da er sich nicht von der Unternehmensbindung lösen kann, wird ihm eine unparteiische Position abgesprochen

- Es ist sicherzustellen, dass keine Personenbewertungen abgegeben werden bzw. Schuldzuweisungen erfolgen

- Im Vordergrund stehen einzig und allein die Lösungen. Daher sind die Diskussionen stets sachbezogen und niemals personenbezogen

- Der Moderator überwacht die inhaltliche Gesprächsführung, stoppt frühzeitig das Abweichen vom Thema und schafft Überleitungen. Darüber hinaus übernimmt der Moderator die Koordination der gesamten Kundenkonferenz

Praxisbeispiel:

Die Kundenkonferenz eines Produzenten der Aluminiumindustrie im Bereich des Luftfrachtgeschäfts

Titel der Kundenkonferenz: „Fit für die Zukunft"

Ausgangssituation:

Das o. g. Unternehmen stellt Luftfrachtpaletten und -container für die Luftfahrtgesellschaften her und vertreibt seine Produkte weltweit an die verschiedenen Airlines. Die Produkte bestehen vorwiegend aus Aluminiumkomponenten wie Bleche, Gussteile, Befestigungsbeschläge sowie der Luftfrachtpalette aus dem Trägermaterial Balsaholz.

Im Rahmen einer strategischen Neuausrichtung hat das Aluminiumunternehmen einen Lean-Management-Prozess initiiert. Darüber hinaus wurde ein Projektteam gebildet, das sich mit der Umsetzung der Kundenorientierung im Unternehmen befasst. Die Kundenstruktur des Unternehmens ist homogen, da ausschließlich die nationalen und internationalen Airlines beliefert werden.

Als erster Schritt im Projekt Kundenorientierung wird eine Kundenkonferenz mit den Airline-Gesellschaften durchgeführt.

Zielsetzung:

- Steigerung des Kundennutzens

- besseres Kennenlernen und Verständnis für die Kunden zeigen

- Wie erleben unsere Kunden die Zusammenarbeit mit unserem Unternehmen?

Konkret formulierte Ziele als Voraussetzung zur gewissenhaften Planung

- Was schätzen die Kunden an unseren Produkten/Unternehmen?

- Welche Erwartungen stellen die Kunden an unser Unternehmen?

- Nach welchen Kriterien werden wir von unseren Kunden beurteilt?

- Der Kundendialog ist dem Unternehmen sehr wichtig

- Durch die direkten Gespräche mit den Kunden möchte das Unternehmen Erkenntnisse gewinnen bzgl. der Verbesserung der internen Abläufe sowie der Service- und Dienstleistungen

Zur Zielerreichung nutzt das Unternehmen das Instrument der Kundenkonferenz, zu der in Form eines Workshops ausgewählte Kunden eingeladen werden. Hierbei soll die Qualität der Kundenkontakte analysiert, Verbesserungsmöglichkeiten, Anforderungen und neue Herausforderungen der Zukunft aufgezeigt sowie Strategien entwickelt werden, wie das Unternehmen sich auf diese Aufgabenstellungen vorbereiten kann. Die Ergebnisse des Workshops werden den Kunden im Nachgang zur Verfügung gestellt werden.

Es handelt es sich um eine 1-tägige Veranstaltung. Ein externer Moderator wurde bereits benannt, um die Neutralität zu wahren und die gesamte Veranstaltung professionell zu begleiten.

Vorbereitung:

Die Projektgruppe des Unternehmens legt die Kundenzielgruppe fest, die Ziele, die Dauer und den Veranstaltungsort der Kundenkonferenz. Als Zielgruppe werden die wichtigsten Entscheidungsträger der Airlines im Bereich Air Cargo definiert.

Veranstaltungsort: ein örtliches Seminarhotel.

Um den hochkarätigen Teilnehmerkreis vollständig zu gewinnen, erfolgt die Einladung in drei Stufen:

- telefonische Vorankündigung der Veranstaltung

- schriftliche Einladung mit Programm

- persönliches Nachfassen der Geschäftsführung des Unternehmens

An der Kundenkonferenz nehmen von fünf verschiedenen Airlines jeweils zwei Führungskräfte sowie das achtköpfige Projektteam des Unternehmens teil.

Die internen Teilnehmer bestehen aus dem Geschäftsführer, dem Projektleiter, sowie den sechs Führungskräften des Projektteams.

Folgende Kompetenzträger sind auf Unternehmensseite vertreten:

- Geschäftsführer
- Leiter Forschung und Entwicklung
- Leiter Produktion
- Marketingleiter
- Kaufmännischer Leiter
- Leiter EDV
- Leiter der Projektkoordination
- Assistentin

Der Konferenzablauf im Überblick

Anreise der Teilnehmer am Vorabend

Ablauf	Personen	Hilfsmittel	Zeit
Begrüßungscocktail, lockere Unterhaltung der Teilnehmer	Alle		30 Min.
Eröffnung und Begrüßung	Geschäftsführer		5 Min.
Vorstellung des Projektes „Kundenorientierung" und Ziele der Konferenz	Geschäftsführer	PowerPoint-Präsentation	15 Min.
Vorstellungsrunde der Teilnehmer und deren Airlines Erwartung: – Wann ist die Konferenz ein Erfolg	Alle		30 Min.
Agenda 1. Tag	Moderator	PowerPoint	10 Min.
Beantwortung offener Fragen	Alle		10 Min.

Zum Abschluss der Auftaktveranstaltung folgt das gemeinsame Abendessen aller Teilnehmer.

Der Konferenzablauf am nächsten Tag

Ablauf	Personen	Hilfsmittel	Zeit
Das Bild des Unternehmens – Aussagen notieren, im Plenum vergleichen	In Kleingruppen im Plenum	Flip-Chart Pinnwände	60 Min.
Kaffeepause			15 Min.
Aussagen erörtern und verdichten	Zwischen Kunde und intern		30 Min.
Kritische Ereignisse zwischen dem Unternehmen und den Kunden der letzten Monate – Sammeln – Die fünf wichtigsten auswählen – Was geschah? – Den Charakter der Situation beschreiben – Welche Haltung hat das Unternehmen eingenommen? – Wie erlebten es die Kunden? – Wie sehen Alternativen aus?	Kunden und interne Mitarbeiter im Plenum	Moderationskärtchen	90 Min.
Mittagessen			90 Min.
Darstellung der Phasen des Kundenkontaktes: – Angebotsbearbeitung/Auftragsabwicklung – Kundendienst – Service- und Dienstleistung – Kurzbeschreibung und gemeinsamen Konsens mit Kunden schaffen	Geschäftsführer	PowerPoint	15 Min.

Der Konferenzablauf am nächsten Tag

Ablauf	Personen	Hilfsmittel	Zeit
Erarbeitung der Qualität der Kundenbetreuung – Was sind kritische Punkte? – Wann ist das Unternehmen ein guter Lieferant? – Worin unterscheiden sich die Lieferanten in ihrem Verhalten? – Präsentation, Diskussion	In Kleingruppen im Plenum	Flip-Chart Plakate	40 Min.
Kaffeepause			15 Min.
Szenario Übung – Unser Unternehmen in 5 Jahren – Was kommt auf uns zu? – Welche Randbedingungen? – Welche Hilfestellungen und Problemlösungen erwarten die Kunden vom Unternehmen? – Welche neue Dienstleistung? – Gemeinsames Brainstorming Moderator schreibt mit	Alle Kunden Moderator	Flip-Chart Pinnwand	30 Min.
Tagesreflexion der Teilnehmer – Wie zufrieden sind sie mit den Ergebnissen? – Wie sieht eine gute Zusammenarbeit aus?	Alle		30 Min.
Schlusswort und Verabschiedung Ausblick auf die Weiterbearbeitung der Ergebnisse, Protokollzusendung	Geschäftsführer		10 Min.

Nachbearbeitung der Kundenkonferenz:

Nach der Kundenkonferenz ist vor der Kundenkonferenz

Nach der Veranstaltung erfolgt mit den Teilnehmern des Unternehmens sowie dem Moderator eine Reflexion. Die gesammelten Ergebnisse, Eindrücke, Erfahrungen sowie Anregungen und Ideen werden nochmals besprochen und ausgewertet.

In der Folgewoche erhalten die Kunden das Protokoll der Kundenkonferenz mit Schreiben des Geschäftsführers. Hierin wird die weitere Bearbeitung der Ergebnisse und eingeleiteten Maßnahmen mit Zeitrahmen für die Umsetzung festgehalten. Intern wird das Ergebnis den Mitarbeitern der Fachabteilungen vorgestellt und die gemeinsame Umsetzung der Maßnahmen besprochen. Nach jedem Etappenerfolg erhalten die Kunden ein Feedback über die umgesetzten Maßnahmen.

10. Follow-up der Kundenkonferenz

Nach einem Jahr lädt das Unternehmen erneut den Teilnehmerkreis zu einer Follow-up-Kundenkonferenz ein, die unter dem Motto „Fit für die Zukunft" durchgeführt wird.

Diesmal stehen folgende Ziele im Vordergrund:

- Information der Kunden über die Gesamtumsetzung der Maßnahmen

- Vorstellung neuer Service- und Dienstleistungen

- Feedback der Kunden über die gespürten Veränderungsprozesse im Unternehmen

- Rückkopplung über evtl. Korrekturmaßnahmen

- Für diese Veranstaltung wird 1 Tag veranschlagt

Ablauf:

Nach dem Motto „Fit für die Zukunft" wird ein kleines Fitnesstraining in den Pausen organisiert, das von einer Trainerin anhand von kleinen, leichten Körperübungen durchgeführt wird. Nach der Einleitung präsentiert der Geschäftsführer die neuen Service- und Dienstleistungen mittels PowerPoint-Präsentation. Das Projektteam präsentiert die umgesetzten Maßnahmen. Im Anschluss wird im Teilnehmerkreis über die Fragestellung „Sind wir auf dem richtigen Weg?" diskutiert.

Bei der Zweitveranstaltung ist die Arbeitsweise offener und weniger vorstrukturiert. Die Moderation ist nicht von so großer Bedeutung. Die Struktur sowie die Themen ergeben sich aus der ersten Kundenkonferenz. Die Kunden untereinander haben sich ebenfalls nun besser kennen gelernt und profitieren zudem an dem gemeinsamen Erfahrungsaustausch untereinander, der sich zwischenzeitlich eingestellt hat.

Vom gemeinsamen Erfahrungsaustausch profitieren alle

Kundeneindrücke und Ergebnisse:

Sie werden feststellen, dass sich Ihre Kunden äußerst überrascht zeigen, dass die Follow-up-Veranstaltung, wie ein Jahr zuvor angekündigt, realisiert wird. Darüber hinaus werden Sie spüren, dass sich die Kundenbeziehung zu Ihrem Unternehmen deutlich verbessert und intensiviert hat und auf einem Niveau des beiderseitigen Verständnisses basiert.

Oftmals können in der Praxis binnen eines Jahres nur 50% der Anregungen und Ideen realisiert und umgesetzt werden. Sie werden sehen, dass die Kunden hierfür vollstes Verständnis zeigen. Der wesentliche Aspekt besteht darin, dass die Kunden die Veränderungen im Unternehmen spüren und miterleben. Das heißt, die Arbeit der Kundenkonferenz fruchtet und hat sich für beide Seiten, das Unternehmen sowie seine Kunden, gelohnt.

Fazit:

Kundenkonferenzen sind eine bislang unterschätzte Möglichkeit, mit einer kleinen Zahl ausgewählter Kunden Gespräche zu führen.

Vorteile:

- In einem vertraulichen Rahmen können neue Produkte, Strategien und Konzepte offen diskutiert werden

- Die gewonnenen Erkenntnisse Eindrücke, Ideen und Anregungen geben neue Impulse und Innovationen

- Darüber hinaus wird sich bei konsequenter Umsetzung der Maßnahmen die Kundenbeziehung deutlich verbessern. Eine neue Qualität der Kundenbeziehung entsteht

- Der Kundenkontakt wird insgesamt intensiviert

Nachteile:

- Die Kunden werden auf diese Art und Weise direkt in die Produkt-, Marketing- und Kommunikationspolitik eines Unternehmens eingebunden

- Die Mitarbeiter des Unternehmens müssen Bereitschaft zeigen, sich auf den Kunden einzulassen und ihn als Partner zu verstehen

In der Praxis ergeben sich aufgrund der vielfältigen Ausgangssituationen und aufgrund der unterschiedlichsten Zielsetzungen stets neue Anwendungsmöglichkeiten für die Durchführung der Kundenkonferenzen.

11. Soll-Ist-Vergleich

Überprüfung der Effektivität und Wirkungsweise der Kundenkonferenz

Die Führungskräfte des Unternehmens sind ebenfalls gefordert, einen Soll-Ist-Vergleich durchzuführen, um die Effektivität und die Wirkungsweise des Instrumentariums der Kundenkonferenzen zu überprüfen.

Daher sollten die Führungskräfte nach der Umsetzung der getroffenen Maßnahmen folgende Fragestellungen beantworten:

- Was hat sich in der Unternehmenskultur geändert?

- Ist es selbstverständlich, dass wir unsere Kunden fragen und von ihnen lernen?

- Stehen die Führungskräfte engagiert hinter dem Projekt der Kundenorientierung mit dem Ziel der Verbesserung der Kundenbindung?

- Zeigen die Führungskräfte Vorbildcharakter gegenüber den Mitarbeitern?

- Wird das Projekt mit Kontinuität innerhalb des Zeitrahmens umgesetzt und abgeschlossen?

- Wurden die Mitarbeiter umfassend über Projekt, Ziele, Ergebnisse und Maßnahmen informiert?

- Ist eine tatsächliche Verbesserung des Kundenkontaktes sowie der Kundenbindung zu spüren?

- Nehmen wir uns der Kundenprobleme an?

- Zeigen wir uns aufgeschlossen für neue Kundenanforderungen?

- Können wir heute mit schwierigen Kundensituationen leichter und besser umgehen?

- Zeigen unsere Kunden mehr Verständnis bei schwierigen Unternehmenssituationen?

- Hat sich das Image des Unternehmens verbessert?

- Erfüllen wir die Erwartungshaltung unserer Kunden?

- Sind unsere Kunden mit uns zufrieden?

12. Kundenzufriedenheit

Die Kundenzufriedenheit bildet einen wichtigen Pfeiler des langfristigen Unternehmenserfolges.

Kundenzufriedenheit ist der Eckpfeiler des Unternehmenserfolges

Die Kundenzufriedenheit drückt sich wie folgt aus:

- Nachverkäufe

- Stammkunden

- positive Mund-zu-Mund-Werbung

- Das Produkt verkauft sich von selbst

Die Wechselwirkungen von Kundenzufriedenheit und Kundenloyalität

- Kundenzufriedenheit
- Kundenloyalität

→ Kundenbindung

- Bisheriges Verhalten
  - Kaufverhalten
  - Weiterempfehlung
- Verhaltensabsicht
  - Wiederkaufsabsicht
  - Cross-Selling-Potenzial
  - Weiterempfehlungsabsicht

Die Kundenzufriedenheit ist das Ergebnis eines psychologischen Vergleichsprozesses des Kunden:

seinen Erwartungen ⇔ zwischen ... und ⇔ den wahrgenommenen Leistungen

- Individuelles Anspruchsniveau
- Image des Anbieters
- Leistungsversprechen des Anbieters
- Wissen und Alternativen

- Aktuelle Erfahrungen
- Subjektive Wahrnehmung der Leistungen
- Individuelle Problemlösungen

Zufriedenheit produziert ein Unternehmen bei seinen Kunden nicht, indem es eine Leistung erbringt, die von seinen Kunden als Teil des Kernprodukts betrachtet wird. Vielmehr entsteht Zufriedenheit über Zusatzleistungen, die mit dem Kernprodukt verknüpft sind, vom Kunden aber nicht als Teil des Kernproduktes betrachtet werden (Staminski 1998).

Nach Kano werden drei Anforderungskriterien formuliert, die sich auf die Kundenzufriedenheit auswirken:

Basis-, Leistungs- und Begeisterungsanforderungen

Die **Basisanforderungen** beinhalten alle Leistungsanforderungen, die der Kunde voraussetzt.

Unter **Leistungsanforderungen** werden dagegen die vom Kunden angesprochenen Forderungen und Erwartungen verstanden. Mit den messbaren Bestandteilen vergleicht der Kunde die erbrachte Leistung mit der des Wettbewerbs.

Die 3. Anforderungskategorie sind die **Begeisterungsanforderungen.** Diese empfindet der Kunde als positive und angenehme Überraschung, mit der sich das Unternehmen vom Wettbewerb abheben kann, und ist damit von zentraler Bedeutung.

Hierbei ist es entscheidend, dass der Kunden diesen Mehrwert erkennt. Daher sollte sich das Unternehmen deutlich machen, welche Erwartungshaltung es bei seinen Kunden erzeugen möchte. Ist das Anspruchsniveau niedrig, ist es leichter, seine Kunden mit Zusatzleistungen zu begeistern. Sind die Leistungsversprechen auf hohem Niveau, sieht der Kunde deren Erfüllung als selbstverständlich an, so dass zusätzliche Dienste erforderlich sind, um Begeisterung zu wecken. Hierbei handelt es sich allerdings lediglich um eine Momentaufnahme. Darüber hinaus sind das Leistungsversprechen und die Zusatzdienste der Wettbewerber zu beachten. Im Laufe der Zeit werden die Zusatzleistungen zur Gewohnheit und damit für den Kunden als Basisanforderung verstanden.

Kunde muss Mehrwert erkennen können

12.1. Management der Kundenzufriedenheit

Das Ziel der Kundenzufriedenheit ist die Schaffung einer langfristigen Kundenbindung an das Unternehmen.

Nach Töpfer (Mann in Töpfer 1996) lassen sich die Erfolgskriterien in sechs Analysestufen unterteilen:

Kundenbedürfnisse:	Was braucht der Kunde? Die Beseitigung eines Mangels.
Kundenanforderungen:	Was will der Kunde? Er hat konkrete Bedürfnisse und Vorstellungen über die Mangelbeseitigung.
Kundenerwartungen:	Was bekommt der Kunde auch vom Wettbewerb? Er hat eine konkrete Anforderung an die Marktleistung/das Produkt sowie die Dienstleistung.
Kundenzufriedenheit:	Wie bewertet der Kunde die Leistung? Er bewertet die erhaltene Leistung.
Kundenloyalität:	Wie ist der Kunde gegenüber der Marktleistung/dem Unternehmen eingestellt? Kundenloyalität heißt positive Einstellung des Kunden gegenüber der Marktleistung/dem Unternehmen.
Kundenbindung:	Wie verhält sich der Kunde zukünftig gegenüber dem Unternehmen? Der Kunde verhält sich bei zukünftigen Kaufentscheidungen dem Unternehmen gegenüber loyal, indem er das gleiche Produkt bzw. bei dem gleichen Unternehmen kauft.

Langfristige Kunden sind meistens auch zufriedene Kunden

12.2. Messung von Kundenzufriedenheit

Quelle Homburg

13. Total Customer Care

Das Ziel sollte sein, die höhere Kundenzufriedenheit zu einer Führungs- und Managementaufgabe mit entsprechender Unternehmenskonzeption zu machen. Dies sollte eine tragende Rolle in der gelebten Unternehmenskultur einnehmen.

Kundenzufriedenheit sollte eine Managementaufgabe sein!

Total Customer Care lässt sich in 10 Grundsätzen beschreiben, die eine erfolgreiche Steigerung der Kundenzufriedenheit garantieren:

1 Kundenorientierung wird vom Top-Management nach innen und außen vorgelebt

2 Jeder Mitarbeiter im Unternehmen muss Kundenorientierung praktizieren. Daher sind alle Mitarbeiter einzubeziehen

3 Nur motivierte Mitarbeiter, die begeistert sind und einen Entscheidungsspielraum ausschöpfen können, werden sich für die Interessen der Kunden einsetzen

4 Die Kundenzufriedenheit ist anhand rationaler und emotionaler Kriterien zu messen

5 Veränderungen der Kundenanforderungen und -erwartungen sind frühzeitig zu berücksichtigen

6 Alle Mitarbeiter im Unternehmen erhalten ein Feedback bzgl. der gemessenen Kundenzufriedenheit, um die eigene Einstellung und das Verhalten gegenüber den Kunden beeinflussen zu können

7 Kundenzufriedenheit erfordert eine hohe Qualität aller Geschäftsprozesse

8 Benchmarking als Lernen von den Besten fordert und sichert das eigene Handlungsniveau ab

Unternehmenskonzept „Kundenorientierung" muß in allen Bereichen gelebt werden

9 Der Anspruch nach höchster Kundenzufriedenheit ist die Basis der Kundenbindung

10 Kundenzufriedenheit muss jeden Tag neu gelebt werden

Das Unternehmenskonzept der Kundenorientierung ist äußerst komplex und muss von allen internen Betriebsbereichen gelebt und verwirklicht werden.

14. Die Kundenerwartungen von morgen – Unternehmensumfrage

51,5 % der befragten Unternehmen sind davon überzeugt, dass die steigenden Kundenanforderungen die größte Herausforderung in der

Zukunft darstellen. Darüber hinaus erwarten 61,1 % der Unternehmen zukünftig eine sinkende Kundenloyalität, die aus kürzeren Produktlebenszyklen, zunehmender Markttransparenz, steigender Wettbewerbssituation und u. a. Fortschreiten der Globalisierung abgeleitet wird. Diese Rahmenbedingungen führen zur Verstärkung der potenziellen Wechselbereitschaft der Kunden zu anderen Unternehmen/Produkten bzw. Marken.

Die Kundenunzufriedenheit wird daher zukünftig deutlich schwerwiegendere Auswirkungen auf die Kundenbeziehung haben als bisher. Daher wird es entscheidend auf die Fähigkeit der Vertriebsmitarbeiter und des Unternehmens ankommen, hiermit professionell umzugehen und mit entsprechenden Unternehmenskonzepten sich auf die neu zu erwartenden Marktsituationen einzustellen. Fehlende Kundenorientierung wird zu Umsatzverlusten führen. Deshalb sind die Unternehmenskultur sowie die gesamten Geschäftsprozesse sowie die Unternehmensorganisation auf diese Herausforderungen dringend anzupassen.

Kundenerwartungen übertreffen wird zum entscheidenden Wettbewerbsvorteil

Die stetige Fähigkeit des Unternehmens, Kundenerwartungen nicht nur zu erfüllen, sondern zu übertreffen und seine Kunden stets zu begeistern, wird als entscheidender Wettbewerbsvorteil bewertet. Machen Sie sich hierbei die Informationen Ihrer Kunden zu Nutze.

Denn nur wer die Kundenansprüche kennt, kann entsprechend agieren. Nutzen Sie daher u. a. aktiv das Instrumentarium der Kundenkonferenzen als neue Dialogplattform mit Ihren Kunden, einerseits zur Verbesserung und Weiterentwicklung der Kundenbeziehung sowie andererseits zum Meinungs- und Erfahrungsaustausch. Darüber hinaus ist die Kundenkonferenz ein ideales Forum, neue Ideen, Innovationen, Anregungen und Impulse für das Unternehmen zu gewinnen.

Beachten Sie dabei:

> **Der Erfolgreichste im Leben ist der, der am besten informiert wird.**

Planen Sie bereits heute Ihre Kundenkonferenz zum Thema „Kundenerwartungen von morgen", um sich frühzeitig auf die Zukunft einstellen zu können.

Kurzprofil Trainer

Dr. Wolfgang Viehmann

Dr. Wolfgang Viehmann
Breitenbergweg 4
86830 Schwabmünchen

WolfgangViehmann@coaching-concepts.de

www.coaching-concepts.de

Langjährige Erfahrung als Geschäftsführer internationaler Unternehmen hat Dr. Wolfgang Viehmann. Dabei beschäftigte er sich mit der Integration und Sanierung von Unternehmen in Deutschland, Österreich und der Schweiz.

Als Trainer hat er sich spezialisiert auf die Aktivierung von Verkäufern und Verkaufsorganisationen mit den unterschiedlichsten Aufgabenstellungen. Das Coaching im Changemanagement hat dabei auch eine besondere Bedeutung für ihn.

Der Verkäufer als Unternehmensberater

Dr. Wolfgang Viehmann

Unternehmen bauen in Zeiten der Hochkonjunktur gewaltige Produktionskapazitäten auf. Die hergestellten Waren müssen aber auch in einer Wirtschaftsflaute verkauft werden. Einkaufsabteilungen drehen jedoch jeden Euro zweimal um. Es schlägt die Stunde der Topverkäufer – jener Frauen und Männer, die auch unter widrigen Umständen die Produkte losschlagen, die der Konkurrenz Marktanteile abnehmen und für ihre Arbeitgeber bares Geld hereinholen.

Jedes unternehmerische Handeln und damit auch das verkäuferische ist äußeren Faktoren ausgesetzt, die zum Teil nur sehr schwer zu beeinflussen sind. Das neue Umfeld wird gekennzeichnet durch Internationalisierung der Märkte, anspruchsvollere Kunden und höhere Transparenz durch die Informationstechnologie. Die Geschwindigkeit und Komplexität nehmen beständig zu, Turbulenzen werden zum Normalzustand.

Die neue Herausforderung für Verkaufsorganisationen

Marktzyklen verkürzen sich stetig und es bildet sich häufig eine Marktsättigung. Diese führt zu einer immer größeren Marktsegmentierung. Der Ersatzbedarf gewinnt dabei stetig an Dominanz. Um zu überleben, müssen neue Märkte kreiert werden. Anpassung sichert zwar das Überleben, aber nicht den Erfolg. Permanente Qualifizierung ist angesagt. Einhergehen muss dies mit einer zunehmenden Motivation und Leistungsfähigkeit, denn die Kunden brauchen ständig die Bestätigung, dass sie sich richtig entschieden haben. Sie müssen das Gefühl haben, dass ihr Lebenswertgefühl gesteigert – einen „Added Value" erfahren hat.

Gewinn ist das Ziel. Er ist eine Folge, aber die Voraussetzung ist wirtschaftliches Handeln. Gewinnoptimierung bedeutet dabei, mit dem

Erreichten die Basis für die Zukunft zu sichern und das Ganze weiter auszubauen.

Erfolgreiche Verkäufer sind qualifizierter ausgebildet

Gelegenheiten und Bedrohungen, Stärken und Schwächen der Produkte erfordern ein vorausschauendes, aktives und konsequentes Handeln. Die Gewinner im Markt sind wacher und innovativer, ja sie sind schneller, flexibler und konsequenter. Erfolgreiche Verkäufer sind besser qualifiziert als der Wettbewerber, denn sie verkaufen nicht mehr, sondern beraten und bieten Lösungen an. Nur wer klare Ziele verfolgt und eine marktspezifische Strategie entwickelt hat, wird seine Potenziale und Ressourcen wirksam zum Auf- und Ausbau von Wettbewerbsvorteilen einsetzen können. Methodik ist dabei jedoch nur das Mittel zum Zweck.

Die Marktmechanik und die Erfolgsfaktoren können dabei in den einzelnen Wirtschaftszweigen und Branchen sehr unterschiedlich sein. Es gibt in diesem Zusammenhang keine generellen Erfolgsrezepte, die in allen Branchen Gültigkeit haben. Es gibt aber sehr interessante Benchmarks und Analogien.

Eigeneinschätzung und Fremdbild – der Wettbewerbsvergleich und die Kundensicht – ergeben den Wert der eigenen Stärken und Schwächen. Überlegenheit im Wettbewerb bedeutet dabei, die strategischen Wettbewerbsvorteile ins Visier zu nehmen und mit Argumenten zu belegen. In diesem Zusammenhang gilt es, strategische Freiheitsgrade und Optionen zu schaffen. Die richtige Zeitachse, das vertretbare Risiko, die Wettbewerbs- und Funktionsstrategie bestimmen die erfolgreiche Unternehmung. Eine verbesserte Wettbewerbsfähigkeit zielt auf eine optimierte Kundenorientierung, begleitet von einer größeren Umsatzdynamik. Unternehmens- und Marktsituation verlangen daher nach einem konsequenten strategischen Vorgehen. Um erfolgreich verkaufen zu können, muss der Verkäufer problemorientiert beraten, und er muss als Coach und Projektkoordinator arbeiten.

Erfahrungen prägen das Denk- und Verhaltensmuster. Aber Erfahrungen und bewährte Denkmuster verlieren bei strukturellen und raschen Veränderungen sehr schnell ihren Wert. Überlegenheit beginnt beim Denken. Das bedeutet, dass man sich die Chance einräumt, sich das „Undenkbare" vorzustellen und Bewährtes konstruktiv in Frage zu stellen. Hiermit werden konstruktive Freiräume geschaffen.

Kunden- und Wettbewerbsorientierung sind äußerst wichtig. Sie dürfen jedoch nicht dazu führen, dass man nur noch das leistet, was der

Kunde verlangt, und sich dabei sklavisch am führenden Wettbewerber orientiert. Unternehmerische Erfolge zeichnen sich dadurch aus, dass man Eigenständigkeit beweist, Bedürfnisse kreiert und neue Wettbewerbsspielregeln im Markt etabliert. Man ist einfach anders als der Mitbewerber und wird somit auch erfolgswirksam wahrgenommen und auch akzeptiert. Sowohl quantitative als auch qualitative Ziele bestimmen dabei den Weg, wobei der Inhalt, das Ausmaß und der zeitliche Bezug zum Ziel konkretisiert werden müssen.

> **Entscheidend für den Erfolg ist, dass der Verkäufer von seinem Selbstverständnis her die Sicht-, Denk- und Handlungsweise eines ehrlichen und engagierten Unternehmensberaters einnimmt.**

Die neue Rolle des Verkäufers: Er ist ein Unternehmensberater!

Der Verkäufer als Unternehmensberater verfügt über ein kompetentes und fundiertes Wissen. Er entwickelt Lösungen und erarbeitet neue Perspektiven und Chancen, die er auch bereit ist, konsequent umzusetzen. Information, Kommunikation und Wissen sind die Basis des Erfolges. Nur wer gut über den Markt, seinen Kunden und dessen Markt informiert ist, kann schnell und professionell arbeiten. Aber als Verkäufer empfängt man nicht nur Informationen, sondern man sendet auch welche. Und versetzt dabei den Kunden in die Lage, gerade in der Zusammenarbeit mit dem Verkäufer Lösungen zu finden.

Der „Beratungs-Verkaufsprozess" ist durch eine Zahl von wiederkehrenden Elementen gekennzeichnet. Einer Situationsanalyse (IST-Aufnahme) schließt sich immer eine Zielformulierung (SOLL-Zustand) an. Ab diesem Zeitpunkt dann ist eine Kalkulation des Vorgangs möglich. Die Umsetzung zur Zielerreichung erfordert dabei häufig ein Coaching des Kunden. Da nur ein begrenzter Satz an Methoden zur Verfügung steht, ist die Gefahr des „Klonens" – also einer Übertragung eins zu eins auf alle Kunden groß. Dadurch wird die Einzigartigkeit (das Alleinstellungsmerkmal) für den Geschäftsvorgang zerstört. Für den Kunden ist es absolut wichtig, als Unikat behandelt zu werden.

Die Verkaufskommunikation muss dem Zielprofil „Unternehmensberater" angepasst werden. Gute Verkäuferpersönlichkeiten nehmen die Kundensignale wahr und bauen Vertrauen und Sympathie auf. Sie setzen diese dann abschlussorientiert um. Sie „öffnen" den Kunden und verstärken seine Kaufmotive. Verkaufspsychologisch zu überzeugen, erfordert dabei Geschick und Diplomatie. Einwände positiv zu behandeln und mit Beanstandungen kreativ umzugehen, gelingt durch eine effiziente Kommunikation und Gesprächslenkung.

Der Kunde muß auf das Verkaufsziel hin gecoacht werden! Der scharfe Wettbewerb versetzt den Kunden in die Lage zu verhandeln. Er gibt sich preisbewusster und wählerischer. Überzeugen, d. h. zum Ziel coachen, statt zu überreden ist das Mittel der Wahl. Nur wer die Persönlichkeits- und Verhaltensmerkmale der verschiedenen Kundentypen kennt, verfügt über die wichtigsten Basisdaten für eine erfolgreiche Verhandlungsführung. Empfindet der Kunde den Verkäufer als „Verkäufer" seiner Produkte und Dienstleistungen, fällt der Abschluss viel schwerer. Erlebt der Kunde den Verkäufer als echten Helfer und Berater, entsteht Vertrauen, der Abschluss fällt leichter.

Kurzprofil Trainer

Peter Josef Senner

Peter Josef Senner
Herbert-Kessel-Str. 13
86842 Türkheim

zentrale@
coaching-concepts.de

www.coaching-concepts.de

Peter Senner ist Management-Trainer und Geschäftsführer des bundesweit organisierten Trainer-Netzwerks Coaching Concepts.

Als Entwickler des Kunden-Coaching setzt der Autor mehrerer Fachbücher sein Konzept für die „Neue Art des Verkaufens in Marktketten" bei namhaften Unternehmen erfolgreich in die Praxis um.
Hersteller, Großhandel und Handwerk bzw. Handel werden dabei in umfassende Verkaufsförderungsprogramme integriert.

Kunden-Coaching – die neue Art des Verkaufens in Marktketten

Peter Josef Senner

„*Verkaufen heißt, dem Kunden zum Erfolg zu verhelfen!*" – Dies ist Peter Senners zentrale Definition für Kunden-Coaching als neue Art des Verkaufens. Der Begriff „Marktkette" skizziert dabei den Vertriebsweg eines Produkts als zusammenhängende Kette von dessen Hersteller über Großhandel und Handwerk/Handel bis zum Endbenutzer bzw. Verbraucher.

Zentrale Definition des Kunden-Coaching

Der Absatzweg in der Marktkette

Hersteller

➡ **Großhändler**

➡ **Handwerk/Handel**

➡ **Endnutzer/Verbraucher**

Mit Kunden-Coaching bricht der Verkäufer mit der traditionellen Fokussierung auf den eigenen Erfolg, um durch die gezielte Förderung des Absatzpartners in Verkauf und Unternehmensführung eine neue Form der Kundenbindung zu etablieren und gleichzeitig das Absatzpotenzial zu vergrößern. Und: um damit letzten Endes wieder selbst mehr Verkaufserfolg zu haben.

1. Bestimmungsfaktoren für den Vertrieb über Marktpartner

1.1. Gesetze des Wandels

„Wer nicht mit der Zeit geht, geht mit der Zeit!"

Nur wer die Veränderungen erkennt und entsprechend handelt, bleibt im Spiel

Dieser Spruch ist mir in den Anfängen meiner beruflichen Tätigkeit zum ersten Mal begegnet. Immer wieder habe ich seitdem bekanntere und unbekanntere Beispiele beobachtet, bei denen die Wahrheit dieses Spruches auf dramatische Art und Weise deutlich wurde. Wie viele Einzelhändler im Zentrum kleiner Ortschaften gibt es heute nicht mehr, obwohl deren Inhaberfamilien über Generationen neidisch beäugt worden waren. Wie viele Großunternehmen mit Rang und Namen und marktführender Stellung sind heute zumindest vom Namen her von der Bildfläche verschwunden. Die Ursachen lassen sich in der Regel bei allen auf einen einfachen Nenner bringen: „Sind nicht mit der Zeit gegangen!" Doch dieser allgemeine Satz zergliedert sich in der Einzelbetrachtung in ganz verschiedenartige Ursachen.

Letztlich stellen sich für die verantwortlich Handelnden für Ihre Unternehmen immer die gleichen Fragen:

- „Was ist der Trend der Zeit?"

- „Was sind die Anforderungen von morgen?"

- „Welche Einflüsse sind zu berücksichtigen?"

- „Sind wir bereit für die Anforderungen der Zukunft?"

- „Welche Konsequenzen müssen gezogen werden?"

- „Welche Pläne sind darauf basierend zu entwerfen?"

- „Sind wir in der Lage, diese Pläne zügig umzusetzen?"

Der viel strapazierte und dennoch tatsächlich reale Wandel in einer modernen Informationsgesellschaft ist also eines der großen Paradigmen. Der Verkauf von heute unterliegt den Gesetzen des Wandels in einem früher nie erahnten Maß.

Kunden-Coaching – die neue Art des Verkaufens in Marktketten

Einige Gesetze dieses Wandels heißen:

Die Gesetze des Wandels

Produkte besitzen eine immer größere Halbwertszeit, was ihre Absatzperspektive betrifft!

Die Verfügbarkeit von Informationen im Internet-Zeitalter ist Realität für jedermann, nicht mehr Privileg für Groß gegenüber Klein.

Die Leistungsfähigkeit der Unternehmen hängt immer mehr von der Bereitschaft und Fähigkeit ihrer Mitarbeiter ab, ständig zu lernen.

In gleichem Maße ist Flexibilität das Zauberkriterium Nr. 1 für alle guten und schlechten Zeiten.

Die Bereitschaft, „quer zu denken", Etabliertes und heute Erfolgreiches schon morgen vorbehaltlos in Frage zu stellen, ist Voraussetzung für langfristige Unternehmenssicherung.

Wer seine Produkte über Marktpartner vertreibt, ist elementar von deren Leistungsfähigkeit abhängig. Deshalb müssen die Verantwortlichen nicht nur dafür sorgen, dass das eigene Unternehmen sich erfolgreich dem Wandel stellt. Er muss auch bei seinen Partnern dafür sorgen. Diese Konsequenz ist im Grunde elementarer Bestandteil für den eigenen Erfolg!

1.2. Abkehr vom Verkäufermarkt

Was waren das für paradiesische Zeiten, als in der Computerindustrie 50 % und mehr noch gängige Handelsspannen waren und der Kunde ohne große Alternativen die Unterschrift unter Kaufverträge setzen musste. Welcher Marktführer der Vergangenheit, aber auch der Gegenwart erinnert sich nicht gern an Zeiten, in denen kaum ernst zu nehmender Wettbewerb in Sicht und die Nachfrage nach den eigenen Produkten kaum zu befriedigen war.

Die harte Realität ist der alltägliche Verdrängungswettbewerb

Die legendären Verkäufermärkte erscheinen jungen Verkäufern von heute wie eine Traumwelt aus vergangener Zeit, gemessen an der harten Realität des alltäglichen Verdrängungswettbewerbs. Zu selten und häufig auch spät kommen Produktinnovationen, die wenigstens wieder ein bisschen Vorsprung vor dem aufdringlichen Wettbewerb schaffen. Diametral entgegen steht diesen selten oder nie auftretenden Glücksphasen die immer größere Transparenz für den Kunden und dessen (angeblich) sinkende Bereitschaft, sich an einen bestimmten Lieferanten zu binden.

1.3. Natürliche Grenzen innerhalb einer Vertriebsschiene

Immer mehr traditionell mit Direktvertrieb arbeitende Unternehmen wechseln zu einer mehr oder minder erfolgreichen Mischform zwischen eigenem Außendienst und dem Verkauf über externe Händler. Dies war eine im vergangenen Jahrzehnt sehr deutlich zu beobachtende Entwicklung, deren Fortdauer meiner Meinung nach aber lediglich davon abhängt, wie lange in unserem Land die Kosten für den eigenen Mitarbeiterstab aufgrund der Abgabensituation für zu hoch erachtet werden.

Alle Umsteiger auf indirekte Vertriebskanäle spüren jedoch von Anfang an die elementaren Rahmenbedingungen und Grenzen, mit denen die Unternehmen mit ausschließlichem Vertrieb über Partner zur Genüge zu kämpfen haben:

> **Abhängigkeit von der Leistungsfähigkeit des Partners bei in der Regel fehlender Durchgriffsmöglichkeit.**

2. Die Doppelstrategie für den Vertrieb über Marktpartner

Wer diese Grenze umgehen, Marktanteile sichern und neue dazugewinnen will, braucht eine Doppelstrategie im Vertrieb über Marktpartner. Es sind nämlich zwei wesentliche Felder, auf denen sich die Schlacht um Wachstum und Erfolg entscheidet:

Signale des Handelspartners aufnehmen und darauf reagieren

2.1. Sicherung der bestehenden Absatzkanäle

Welchem Hersteller graut nicht vor einem Schreiben seines wichtigsten Großhandelspartners, dass er „aus strategischen und wirtschaftlichen Überlegungen heraus" sich dazu entschlossen habe, künftig die Produktpalette des Wettbewerbers zu vertreiben. In solchen Fällen geraten alle Zahlenplanungen ins Wanken. Marktanteile verschieben sich, das betriebswirtschaftliche Räderwerk beginnt sich in die falsche Richtung zu drehen. Auch hier dürfte der Satz gelten: *„Wer nicht mit der Zeit geht, geht mit der Zeit!"* Der betroffene Hersteller hat wohl Signale der Vergangenheit von seinem Partner nicht richtig empfangen oder möglicherweise in allzu starkem Selbstbewusstsein ignoriert. Oder er hat schlichtweg zu wenig geboten – außer einem nach wie vor guten Produktspektrum und guten Konditionen.

„Wie bitte? – Was will er denn noch mehr?" So oder ähnlich sind mir in der Vergangenheit Fragen entgegengeprallt, wenn ich folgende entscheidende These in den Raum stellte:

> **„Was ihr heute eurem Handelspartner bietet, ist morgen nicht mehr nur Selbstverständlichkeit, sondern allenfalls wohl gelittene Randerscheinung einer Erfolgspartnerschaft!"**

Natürlich stehe ich ganz bewusst zu einer so provozierenden Formulierung. Und natürlich gestehe ich auch eine latent sichtbare Überzeichnung zu. Aber wenn die Diskussion über diese These in Gang kommt, wird die in ihr verborgene Wahrheit ganz schnell sichtbar. Das Grundproblem lautet nämlich:

> **Die Art der Partnerschaft zwischen Lieferant und Handelspartner wird schlicht zu eng definiert!**

Mit dem Mehr an „Service" den Handelspartner binden

Was wird denn derzeit als Säulen einer dauerhaften Marktpartnerschaft im Vertrieb über Marktpartner angesehen? Da ist zunächst doch das mehr oder weniger aufwendig gestrickte Geflecht aus jährlichen Rahmenkonditionen verbunden mit knalligen Abverkaufsaktionen und einer Garnitur aus durchsichtig oder undurchsichtig gestalteten Bonuskomponenten. Und dazu werden noch die Flaggen des „guten technischen Services" und der „besonderen partnerschaftlichen Betreuung" gehisst.

Man braucht kein Prophet sein, um treffsicher vorhersagen zu können, dass dies in Zukunft keinen Marktpartner mehr vom Hocker reißen wird. Bei genügend Selbstkritik ist doch auch schon heute zu spüren, dass obige „Säulen" gerade mal noch als Standard oder als Selbstverständlichkeiten angesehen werden.

> **Wer bestehende Absatzkanäle sichern will, kommt mit Sicherheit nicht mehr mit der klassischen Vertriebspartner-Betreuung aus.**

Den direkten Wettbewerbern beim Service immer einen Schritt voraus sein

Die bieten nämlich aufstrebende Wettbewerber auch. Außerdem attackieren diese Wettbewerber die gewachsene Partnerschaft mit „noch enger kalkulierten" Konditionen – sprich Lockvogel-Angeboten für den Produkt- und Lieferantenwechsel – und vielleicht sogar neuartigen Produktfamilien. Sie wird möglicherweise oft noch zusätzlich aufgeweicht durch die Folgen des immer deutlicheren Generationenwechsels.

Bestehende persönliche Verbindungen gehen sozusagen in den Ruhestand und übertragen sich nicht auf die neuen Verantwortlichen. Deshalb drängen sich die Hauptanforderungen zur Sicherung von Absatzkanälen geradezu von selbst auf.

> **Dem Wettbewerb in Service und Ideen grundsätzlich voraus sein!**

> **Organisierte Partnerschaften und Kunden-Clubs aufbauen!**

2.2. Ausweitung des Absatzpotenzials durch Förderung des Partners in Vertrieb und Unternehmensführung

Zur Sicherung der Beziehungen zu bestehenden Handelspartnern – also Kundenbindung im umfassenden Sinn – sollte als zweite, im Grunde noch chancenreichere Strategie die Kundenförderung hinzukommen. Der diesem Ansatz zugrunde liegende Gedanke ist ebenso einfach beschrieben wie Erfolg versprechend in seiner Wirksamkeit. Ist der Vertriebspartner in der Lage, seine verkäuferische Vorgehensweise zu verbessern, steigt ganz zwangsläufig der Umsatz innerhalb der Marktkette – für jeden Beteiligten. Alles, was den Verkauf des Partners stärkt, wirkt sich unmittelbar in besseren Zahlen aus. In den meisten Fällen bildet die Verkaufsaktivierung von Marktpartnern zwar den Schwerpunkt, aber eigentlich muss grundsätzlich die gesamte unternehmerische Leistungsfähigkeit des Marktpartners gestärkt werden. Wer Baustellen in Organisation, Mitarbeiterführung oder, noch schlimmer, generelle wirtschaftliche Mängel hat, wird nur schwer allein durch die Stärkung des Verkaufs aus der Talsohle herauskommen.

Aus diesem Grund umfasst die zweite Strategie auch die Betrachtung des gesamten Partnerunternehmens. Überall, wo der Lieferant zu helfen in der Lage ist, sollte er dies nicht zuletzt auch im eigenen Interesse tun. Bei konsequenter Verfolgung einer solchen Strategie verändert sich die Sichtweise des Lieferanten sich selbst gegenüber:

Dem Geschäftspartner gezielt helfen, wo auch immer sich Möglichkeiten ergeben

> **Entscheidend für den eigenen Erfolg ist der Unternehmenserfolg der Vertriebspartner.**

> **Die eigenen Außendienstmitarbeiter sind zukünftig nicht mehr Verkäufer, sondern erhalten das Profil von Unternehmensberatern.**

> **Sie sind im Grunde nicht mehr Verkäufer, sondern fungieren als Coach für ihre Kunden.**

> **Kunden-Coaching ist die neue Art des Verkaufens.**

Aus den bisherigen Überlegungen heraus lässt ich eine klare Definition für Kunden-Coaching formulieren, die als Leitsatz prägend für die vorher erläuterte Doppelstrategie steht:

**Verkaufen heißt,
dem Kunden zu seinem Erfolg zu verhelfen.**

Der Erfolg des Absatzpartners steht im Vordergrund! Kunden-Coaching besagt im Kern, dass innerhalb der Marktkette das Augenmerk zunächst auf dem Erfolg des Vertriebspartners zu ruhen hat, bevor die traditionelle Betrachtung des eigenen Verkaufserfolgs infrage kommt. Gerade diese Betrachtungsweise stößt zunächst einmal auf den größten Widerspruch: Wie bitte? Soll nicht mehr der eigene verkäuferische Erfolg – für das eigene Unternehmen – das Wichtigste sein?

Wer seine eigene Verkaufstätigkeit kritisch betrachtet, stellt fest, dass traditionelles Denken den Gesichtskreis zu sehr einengt. Alle „alten" verkäuferischen Vorgehensweisen stoßen gerade im Vertrieb über Marktpartner an ihre Grenzen.

Standard-Kundenbesuche nach dem Motto „Brauchen wir was heute?" sind eher Geldvernichter denn Umsatzbringer. Etwas diplomatischer formuliert könnte man auch fragen: *„Bei wem ist denn nicht schon längst das Potenzial an Optimierungsmöglichkeiten bei der Routenplanung ausgeschöpft?"* Die dreihunderteinundzwanzigste Verkaufsaktion mit den Händlern im Gebiet X ist häufig auch nur ein weiterer Nagel in den Sargdeckel der eigenen Preispolitik. Da hilft nur eine Konsequenz:

> **Weg von der Konzentration auf den eigenen Verkauf. Das Wachstumspotenzial wird nur über die Konzentration auf den Erfolg des Marktpartners erreicht.**

Kunden-Coaching bedeutet, dass der Kunde auf partnerschaftliche Art und Weise geführt wird. Der Begriff Coach ist im Sport ja schon lange verbreitet. Sieht man genauer hin, gibt es auffallende Ähnlichkeiten zwischen den Aufgaben des Coachs im Sport und den oben beschriebenen Intentionen im Vertrieb über Marktpartner. So wie der Sport-Coach verantwortlich ist für die Leistungsentwicklung seines Schützlings, so ist auch der Lieferant verantwortlich für die Leistung der Vertriebspartner. Dabei entfällt der disziplinarische Zugriff. Nichts geht „per ordre de mufti". Nur beim Muskelaufbau anzusetzen ist für den Sport-Coach ein isolierter Ansatz; wenn der Sportler „mental" nicht fit ist, nützen ihm die größten Muskelpakete nichts. Genauso helfen auch die besten Mengenrabatte nichts, wenn der Vertriebspartner nicht in der Lage ist, selbst genügend Aufträge für solche Mengen zu akquirieren.

Der Kunde erwartet heutzutage mehr vom Lieferanten, auch wenn er diese Erwartungen selbst nicht nennt oder häufig auch gar nicht formulieren kann. Zumindest erwartet er nicht nur ein Produkt oder eine Dienstleistung. Er wünscht sich generell eine ehrliche Beratung und Hilfestellung bei der Lösung seiner Probleme. Vom verkäuferischen Liefern zum partnerschaftlichen Beraten ist es jedoch oft ein weiter Weg. Ohne umfassende Informationen über den Kunden ist Beratung schwer oder nur unvollständig möglich.

Der Kunde erwartet heutzutage mehr von seinem Lieferanten

3. Leitgedanken für Kunden-Coaching

> **Leitgedanke 1**
>
> **Kunden-Know-how ist der größte Schatz des Marktpartners.**

Wenn ich heute Außendienstmitarbeiter frage, was sie denn beispielsweise über ihre Handelspartner wissen, bewegen sich die Antworten in der Regel in einem eng begrenzten Feld: *„Erreicht den und den Um-*

satz ...", "*Besuche ich alle 3 Wochen ...*", "*Muss öfter hin, weil er schlecht zahlt ...*", "*Hat Kunden aus dem und dem Bereich ...*". Hinzu kommen meist noch Informationen aus dem persönlichen Bereich, also über den eigenen Ansprechpartner. Je tiefer ich nachbohre, desto größer werden die Lücken im Kunden-Know-how sichtbar. Dies vor allem, weil sich das Know-how eben meist auf lieferantenspezifische Dinge begrenzt. Wer einen Vertriebspartner hingegen coachen will, muss im Grunde „alles" über ihn wissen. Nur wer mit der besten Arbeitsauffassung eines vertrauenswürdigen Unternehmensberaters alle Informationen sammelt, deren er habhaft werden kann, kann auch qualifiziert und treffsicher coachen.

Leitgedanke 2

**Top-Servicequalität muss
neu definiert werden!
Erfolg ist der Sieg der Einfälle
über die Zufälle.**

Kunden-Knowhow ist ein Schlüssel zum erfolgreichen Überleben Ihres Unternehmens

Nur wer aus diesem vollständigen Wissen über den Kunden heraus neue Vorschläge und Ideen für den Verkauf des Partners entwickelt und aktiv bei deren praktischer Umsetzung behilflich ist, arbeitet als wirklicher Partner und nicht als eigensüchtiger Lieferant. So kann er gezielt den Verkaufserfolg des Partners steigern, statt auf den berühmten Zufall zu warten.

Leitgedanke 3

**Jedes Unternehmen, das Produkte
über Vertriebspartner absetzt,
braucht ein umfassendes Coaching-Konzept
für deren Verkaufserfolg.**

Mit Einzelideen oder Einzelmaßnahmen ist es nicht getan. Erforderlich ist ein umfassendes Konzept von Betreuungs- und Unterstützungsmaßnahmen gegenüber dem Vertriebspartner. Ein solches Konzept integriert die schon beschriebene Doppelstrategie. Alle darin enthaltenen Vorgehensweisen sichern einerseits die bestehende Vertriebspartnerschaft und weiten andererseits das Absatzpotenzial aus. Für dieses umfassende Konzept lassen sich folgende Regeln definieren:

- Alle Unternehmensbelange werden erfasst und abgedeckt

- Die Mitarbeiter im eigenen Unternehmen kennen alle ausnahmslos das Konzept und die dahinterstehende Strategie des Kunden-Coaching

- Für möglichst viele, am besten alle Belange der Vertriebspartner werden Service-Leistungen und Unterstützungspakete angeboten

- Der Außendienst wird zur Einführung und Durchführung des Konzepts umfassend geschult und vorbereitet

- Einmal-Aktionen und sporadische Angebote bringen nichts – Langfristigkeit ist gefragt

- Immer wieder neue Ideen und Leistungen werden in das Konzept integriert

4. Die neue Kernkompetenz für Unternehmen – Strategisches Kunden-Coaching

Den Ansatz, sozusagen „alles" über den Vertriebspartner zu wissen – das 100 %-Kunden-Know-how zu besitzen, habe ich bereits genannt. Die gesamte Kontaktorganisation zum Vertriebspartner fußt auf diesem umfassenden Kunden-Know-how. Das Gleiche gilt für die angebotenen Unterstützungsmaßnahmen. Die Anforderungen an das Kunden-Know-how beschreibt am besten eine Checkliste an Fragen:

Zum Unternehmen

- Wie ist die wirtschaftliche Situation des Vertriebspartners?

- Wie stellt sich das Unternehmen nach außen dar?

- Wie war die Entwicklung der letzten Jahre, was plant der Partner für die Zukunft?

- Was sind seine Stärken und Schwächen?

- Was kann für seine Gesamt-Zielsetzung getan werden?

Zur inneren Struktur des Vertriebspartners

- Wie ist die innere Organisation?
- Welche ungeschriebenen Gesetze sind auszumachen?
- Ist seine Organisation schlagfertig?
- Welchen Stellenwert hat der Verkauf beim Vertriebspartner?
- Was kann zur Stärkung der inneren Struktur getan werden?

Wettbewerbssituation am Markt

- In welchen Segmenten/bei welcher Kunden-Klientel ist der Vertriebspartner aktiv?
- Welche Rolle spielt er am Markt? (Aktiv? Mitläufer? Absteigender Ast?)
- Welche Chancen bieten sich im Markt für den Vertriebspartner?

Beziehungsebene zum Vertriebspartner

- Wie sieht er uns als Marktpartner?
- Besteht eine feste, treue Lieferantenbeziehung oder eine zu lose Zusammenarbeit?
- Sind die persönlichen Beziehungen zum Vertriebspartner intensiv genug?
- Welche Maßnahmen müssen zur Verbesserung der persönlichen Beziehungen getroffen werden?

Verkäuferische Vorgehensweise des Vertriebspartners

- Wie ist sein Gesamtauftritt im Markt?
- Wo liegen Entwicklungspotenziale für dessen Verkauf?

- Wie sind seine derzeitigen Verkaufsaktivitäten zu bewerten?

- Kennt er das gesamte Kundenpotenzial?

- Nutzt er alle Möglichkeiten, Kunden zu werben?

- Sind die Mitarbeiter verkaufsorientiert ausgebildet und tätig?

- Was kann für eine Stärkung des Verkaufs des Vertriebspartners getan werden?

Als Zweites kommt beim strategischen Kunden-Coaching zum Kunden-Know-how das Thema „Service-Leistungen" hinzu. Mittlerweile rühmt sich ja jedes Unternehmen gegenüber den Kunden seiner Service-Palette, um bei Produktpreisen einen besseren Stand zu haben. Während in der Öffentlichkeit das Schlagwort „Servicewüste Deutschland" diskutiert wird, vermittelt die Verkäufer-Argumentation in der Summe eher den Eindruck paradiesischer Zustände. Ich persönlich neige grundsätzlich eher zu einer äußerst skeptischen Position, um es erneut diplomatisch zu formulieren. Nicht allzu viele Einzelfälle ausgenommen, werden zum einen die Chancen dieses Service-Themas von den meisten Unternehmen absolut nicht erkannt, und zum anderen üben sich viele in einer beispiellosen Selbstgefälligkeit und Trägheit. Insbesondere Unternehmen in Marktketten tun sich da hervor. Dabei ist die Probe aufs Exempel mit ganz wenigen Fragen zu machen.

Von der „Servicewüste Deutschlands" ins Paradies durch mehr Servicequalität!

1. Gibt es Wettbewerber, die nicht die gesamten Service-Leistungen des eigenen Unternehmens bieten?

Diese erste Frage können die meisten Hersteller und Großhändler noch seelenruhig mit Ja beantworten. Irgendwie und gerade bei schwächeren Wettbewerbern findet sich immer einer, der bestimmte Leistungen seinen Vertriebspartnern nicht bietet. Aber schon die zweite Frage muss konsequenterweise nachdenklich machen:

2. Bietet unser Unternehmen eine Service-Leistung, die die Gesamtheit aller Wettbewerber den Vertriebspartnern nicht bietet?

Wie gemein! Einer gegen alle – oder was? Hier kommt das Service-Problem normalerweise auf den Punkt. Wie soll man aus einer Menge von Wettbewerbern klar herausragen, wenn man im Service keine deutlichen Merkmale der Eigenständigkeit bietet?

Ist es nicht so, dass ein Unternehmen gemeinsam mit seinen Wettbewerbern immer um die leistungsfähigsten Vertriebspartner buhlt? Und versucht nicht jeder dabei, durch eine optimale Menge an Vertriebspartnern bei bestmöglicher regionaler Verteilung den aussichtsreichsten Marktzugriff zu bekommen? Warum beginnt dann nicht schon längst ein Wettrennen der Ideen im Service-Sektor?

Fragen Sie sich selbst, auf welcher Stufe der Service-Treppe Sie stehen:

Die Schlacht um den Kunden gewinnen heißt: Dem Wettbewerber voraus sein und selbst immer nach dem Gipfel an Servicequalität streben!

Stufe 5
Unternehmen überrascht und begeistert die Kunden durch Kunden-Coaching

Stufe 4
Unternehmen setzt ständig neue Service-Ideen um

Stufe 3
Unternehmen erbringt unaufgefordert zusätzliche Service-Leistungen

Stufe 2
Unternehmen erbringt vom Kunden gewünschte Service-Leistungen

Stufe 1
Unternehmen befriedigt die grundsätzlichen Service-Anforderungen

Mir ist natürlich klar, dass es mutig ist, Kunden-Coaching als höchste Stufe der Service-Qualität zu bezeichnen. Aber lassen sich drei Intentionen hier nicht auf hervorragende Weise verbinden?

Intention 1

Ihr Unternehmen möchte seinen Vertriebspartnern zum Erfolg verhelfen

---

Intention 2

Ihr Unternehmen möchte den Wettbewerb in puncto Service-Qualität eindeutig abhängen

---

Intention 3

Ihr Unternehmen möchte den Absatz über Vertriebspartner sichern und ausbauen

---

Die ganz klare Ausrichtung auf Kunden-Coaching verbindet alle drei Intentionen in idealer Weise. Als Mittel der Wahl stehen alle möglichen Varianten der Schulungs- und Trainingsleistungen für Unternehmensführung und Verkauf zur Verfügung, die Organisation von Vergünstigungen in allen Betriebsbereichen des Vertriebspartners, die zuvorkommende Unterstützung bei der Kundenbearbeitung, der Aufbau von Kunden-Clubs usw., usw.

Schulen Sie Ihre Mitarbeiter, um dem Wettbewerb stets den entscheidenden Schritt voraus zu sein!

Stellen Sie nicht nur die Frage der Sicherung von Vertriebskanälen in den Mittelpunkt! Setzen Sie sich „Zielgruppenbesitz" als Unternehmensziel! Kunden-Coaching versetzt Sie dazu in die Lage.

Kurzprofil Trainer

Hans-Georg Hammer

Hans-Georg Hammer
Talstraße 7
76835 Roschbach

HansGeorgHammer@coaching-concepts.de

www.coaching-concepts.de

– Lehramtsausbildung
– Pharmaausbildung
– BWL-Studium

Nach über 20 Jahren Verkaufs- und Führungserfahrung in verschiedenen pharmazeutischen Großunternehmen liegen seine Schwerpunkte im Training verkäuferischen Könnens auf der Basis der emotionalen Verkäuferintelligenz.

Der Kunde und zielgerichtete Aktivitäten stehen im Mittelpunkt von kreativem Beziehungsmarketing.

Emotionale Verkäuferintelligenz

Hans-Georg Hammer

1. IQ – EQ – die emotionale Intelligenz

Wer kennt sie nicht – die Intelligenztests – oft auch Intelligenz-Struktur-Tests, die seit Jahrzehnten versuchen, über Standardfragen die Intelligenz einer Person zu beurteilen. Dabei beschränken sich die alten IQ-Vorstellungen auf ein schmales Spektrum von sprachlichen, mathematischen und kognitiven Fähigkeiten. Ein gutes Abschneiden sagt etwas aus über den künftigen Erfolg als Schüler oder als Professor.

Doch wenn diese Daten so bedeutsam sind, wie kann es dann geschehen, dass gerade im Verkauf sehr oft Menschen mit hohem IQ versagen und Personen aus den mittleren IQ-Bereichen meist sehr große Erfolge erzielen?

Je mehr sich die Lebenswege von der akademischen Welt entfernen, desto mehr scheint der IQ an Aussagekraft zu verlieren. Daher fassen verschiedene Psychologen den Intelligenzbegriff weiter und versuchen das einzubeziehen, was man braucht, um ein „gelungenes Leben zu führen". Daraus resultiert die Erkenntnis, dass die personale oder emotionale Intelligenz entscheidend ist.

IQ allein hat keine Aussagekraft

Am beruflichen Erfolg sind also neben der Fachkompetenz und dem entsprechenden IQ einer Person zweifelsfrei weitere Kompetenzen beteiligt. Schon das Einbringen in das soziale Betriebsumfeld zeigt das Vorhandensein emotionaler Intelligenz.

1995 nahm der neben Sternberg und Gardner wohl bekannteste Autor zu diesem Thema, Daniel Goleman, diese Anregungen sowie die aktuellsten Erkenntnisse aus der psychologischen Forschung auf und entwickelte sein Modell der „Emotionalen Intelligenz".

Für Goleman hat Emotionale Intelligenz ihren Fokus auf der Betrachtung der Gefühlswelt und versucht die Beziehung zwischen den Fähigkeiten Selbstwahrnehmung, Selbstbeherrschung, Empathie und soziale Kompetenz herauszustellen.

1.1. Die 5 Dimensionen Emotionaler Intelligenz

Um mit Empathie den Gesprächspartner zu „gewinnen", sind bestimmte Grundlagen Bedingung. Solvey (1997) gliedert die Fähigkeiten der Emotionalen Intelligenz in 5 Bereiche:

■ **Die eigenen Emotionen kennen**

Selbstwahrnehmung ist Grundlage der Emotionalen Intelligenz

Durch **Selbstwahrnehmung** im Stande sein, den eigenen inneren Standpunkt zu erkennen. Selbstwahrnehmung ist Grundlage der Emotionalen Intelligenz. Je offener wir für die eigenen Emotionen sind, desto besser können wir die Gefühle anderer deuten.

Zu diesem Eigenfeedback gehören:

Über **eigenes emotionales Bewusstsein** reflektieren:
- Wie stehe ich zum Kunden?
- Wie stehe ich zum Produkt?
- Wie stehe ich zu meiner Arbeit?
- Wie sieht mich das Umfeld?
- Warum gehe ich zu diesem Kunden?

Eine **eigene Selbsteinschätzung** vornehmen:
- Wo liegen meine Stärken?
- Wo liegen meine Schwächen?

Selbstvertrauen entwickeln und erhalten:
- Ich bin jemand
- Ich liebe mein Produkt
- Ich bin von meinem Produkt überzeugt
- Mein Produkt ist seinen Preis wert

> **Durch Selbstvertrauen ist Optimismus erlernbar!**

■ Emotionen handhaben

Gefühle so handhaben, dass sie angemessen sind, ist eine Fähigkeit, die auf der Selbstwahrnehmung aufbaut. Einzelpunkte sind u. a.: **Ängste**, Gereiztheit, negative Emotionen ablegen. Durch Aufrichtigkeit und Integrität **Vertrauenswürdigkeit** erzeugen. **Innovation** als Chance begreifen. **Verantwortung** für eigene Leistung übernehmen

Gefühle besser kontrollieren

■ Emotionen in die Tat umsetzen

Wesentlich für **Selbstmotivation** und **Kreativität** ist die Fähigkeit, Emotionen in den Dienst eines Ziels zu stellen. Selbstmotivation bedeutet, aus sich selbst heraus jederzeit Leistungsbereitschaft und Begeisterungsfähigkeit entwickeln zu können

Charakteristisch für Eigenmotivation ist:

- Leistungsdrang
- Engagement
- Initiative
- Optimismus

■ Empathie
(siehe Kapitel 5.)

■ Umgang mit Beziehungen

Die Kunst der Beziehung besteht zum großen Teil in der Kunst, durch hohe soziale Fähigkeit und Kompetenz mit den Emotionen anderer umzugehen

Elemente dieser „interpersonellen Intelligenz" sind:

- **Kommunikation:** Senden und Empfangen von Botschaften, Zuhören

- **Konfliktbewältigung:** Kompetenzen zur Beseitigung von Meinungsverschiedenheiten

- **Lösungen herbeiführen:** das Talent des Vermittlers, der Konflikte verhindert oder entstandene Konflikte löst

- **Gruppen organisieren:** die Fähigkeit des „Führers", eine Gruppe von verschiedenen Charakteren zusammenzuführen, zu initiieren und zu koordinieren

- **Teamfähigkeit:** für gemeinsame Ziele arbeiten

- **Bindungen eingehen und erhalten:** Nützliche Beziehungen aufbauen und vor allem pflegen

2. Kompetenzvoraussetzungen für den beruflichen Erfolg

Unter diesem Oberbegriff werden Fähigkeiten und Kompetenzen wie Mitgefühl, Kommunikationsfähigkeit, Konfliktfähigkeit, Menschlichkeit, Takt u. v. m. untersucht und ergeben in ihrer Gesamtheit die Basis des **EQ – des Emotionsquotienten.**

Auf der Grundlage von Analysen in mehreren 100 Unternehmen ergibt sich für Goleman, dass Emotionale Intelligenz für den beruflichen Erfolg doppelt so wichtig ist wie der IQ plus Fachwissen.

Kompetenzvoraussetzungen für den beruflichen Erfolg

Daraus ergeben sich die Kompetenzvoraussetzungen für den beruflichen Erfolg:

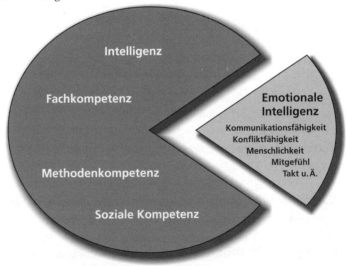

Inwieweit haben nun die Punkte der Emotionalen Intelligenz Einfluss auf den Verkaufserfolg?

3. Emotionen

Beim Begriff „Emotionale Intelligenz" ist es notwendig, einige Worte über den Begriff „Emotion" zu verlieren. Die Wurzel dieses Wortes ist das lateinische „movere". Es bedeutet „bewegen", wobei das Präfix „e" „hinwegbewegen" bedeutet. Daraus folgt, dass jeder Emotion eine Tendenz zum Handeln innewohnt. Dass Emotionen zu Handlungen führen, sieht man deutlich an Tieren und Kindern. Nur bei „zivilisierten" Erwachsenen beobachten wir, was im Tierreich die große Ausnahme ist: Dass Emotionen als Handlungsimpulse von einer manifesten Reaktion gelöst sind.

Emotionen führen zu Handlungen

Beleuchten wir nun das Thema „Verkaufen" vor dem Hintergrund der Emotionalen Intelligenz.

4. Verkaufen

Laut Definition kann Verkaufen beschrieben werden als ein betriebswirtschaftlicher Austauschprozess von Gütern (Waren und Dienstleistungen) gegen (zumeist) Geld.

Die wichtigsten Elemente werden vom Marketing bestimmt sowie von zielgerichteter Rhetorik und Verkaufspsychologie. Das Ziel des Verkaufs im gewerblichen und freiberuflichen Bereich ist häufig, Gewinn zu erzielen.

Doch was beeinflusst einen Käufer, gerade dieses bestimmte Produkt zu kaufen?

4.1. Kaufmotive: Der Mensch entscheidet zu ca. 93% mit dem Gefühl

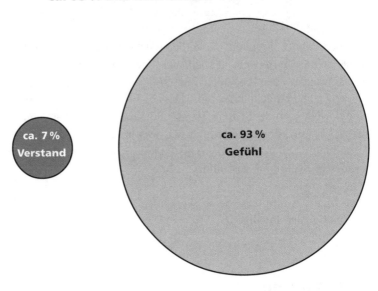

Wir leben in einer Zeit, in der sich die Produkte qualitativ immer näher kommen.

4.2. Unterscheidungskriterien der Produktwerbung

	Eigenes Produkt	Mitbewerber
Firma		
Produkt		
Mitarbeiter	!	!
Service		

Verkäufer muss über Emotionale Intelligenz verfügen

Bei näherer Überlegung zum eigenen Produkt ergibt sich die klare Präferenz des Mitarbeiters, also des Menschen, für Entscheidungen. Vor dem Hintergrund der oben genannten Tatsache, dass über 90% der Entscheidungen emotionaler Natur sind, muss ein Verkäufer über emotionale Momente verfügen, die es ihm erlauben, die Verkaufsentscheidung beim Käufer positiv zu beeinflussen.

Emotionale Verkäuferintelligenz

Betrachten wir die Phasen eines Verkaufsgespräches, in denen der Verkäufer gefordert ist:

4.3. Spannungsbogen eines Verkaufsgespräches

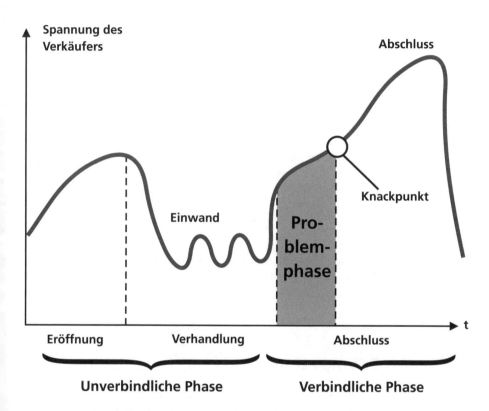

Eine gewisse Spannung unter den Partnern zeichnet sich durch den Gesprächseinstieg ab und durch den Moment, in dem geschickt von „Smalltalk" oder „Warmreden" zum Produktgespräch gelenkt wird. Während der Verhandlungs- oder Argumentationsphase können Spannungsmomente durch Zwischenfragen und Ein- bzw. Vorwände auftreten.

Der spannendste Moment ergibt sich kurz vor der entscheidenden Abschlussphase. Hier kippen viele Verkäufer um, indem sie aus Angst vor der Verbindlichkeit und dem „Nein" entweder die Rolle rückwärts einschlagen und die Argumentation von vorne beginnen, also „überverkaufen", oder die Flucht nach vorne antreten. Die alles entscheidende Abschlussvereinbarung unterbleibt; der Verkäufer „hofft" auf die Selbsttätigkeit des Kunden.

Die „verbindliche Phase" erfordert hohe Kompetenz beim Verkäufer

Was ist an emotionaler Verkäuferintelligenz in Eröffnungs- und Verhandlungsphase notwendig?

■ Eröffnungsphase – Verhandlungsphase

Eine alte Verkäuferweisheit sagt: *„Wer etwas verkaufen will, muss dafür werben. Auf irgendeine Weise hat er dem Kunden klarzumachen, dass er diese Ware oder Dienstleistung wirklich braucht. Erfolgreich werben kann nur derjenige, der genau den Tonfall trifft, der beim Kunden ankommt."*

Gesprächseinstieg entscheidend für ein gelungenes Verkaufsgespräch

Der entscheidende Part eines Verkaufsgespräches ist zweifelsohne der Eröffnungspart. Dort entscheidet sich die Weichenstellung für den weiteren Verkauf. In den ersten 30 Sekunden wird über die im weiteren Gespräch nötigen Emotionen entschieden. In dieser ersten Phase muss der Verkäufer in der Lage sein, die „Verbindung zum Gesprächspartner" herzustellen, seine Reaktionen und Gefühle scharfsinnig zu erfassen, das Gespräch zu führen und mit den Konflikten umzugehen, die bei allem menschlichen Handeln unvermeidlich auftreten. Hierzu ist ein hohes Maß an „emotionaler und sozialer Intelligenz" erforderlich.

In dieser „ersten Phase" sollte es dem Verkäufer gelingen, den Kunden als „Mensch", nicht als Kunden für sich zu „gewinnen". Eine „emotionale Beziehung" muss hergestellt werden.

5. Empathie

Um die „emotionale Beziehung" herzustellen, gehört unweigerlich die Fähigkeit, sich emotional auf andere einzustellen. In allen Lebensbereichen, ganz besonders und gerade im Verkauf und Management, ist es von ungeheurer Bedeutung, zu erkennen, was der Andere empfindet.

Laut Duden ist Empathie (griech. = Mitfühlen) *„die Bereitschaft und die Fähigkeit, sich in die Einstellung anderer Menschen einzufühlen."* Dazu bedarf es der Fähigkeit, sich kognitiv in einen anderen Menschen hineinzuversetzen, seine Gefühle zu teilen und sich damit über sein Verstehen und Handeln klar zu werden (Einfühlungsvermögen). Unabdingbar dafür ist eine gewisse Ausgeglichenheit und Gelassenheit; nur in dieser Verfassung können Sie sich auf eine andere Person einstellen und sich in sie einfühlen.

Nur selten fassen Menschen ihre Emotionen in Worte. Um Gefühle eines Anderen zu erfassen, müssen nonverbale Zeichen gedeutet werden, wie Klang der Stimme, Geste, Gesichtsausdruck und Körpersprache. Die Grundlage dieser Fähigkeit ist die „Selbstwahrnehmung". Ich muss mich gut fühlen! Doch wie gelingt es mir, mich in den Kunden „einzufühlen"?

5.1. Der interessante Verkäufer

Der Kunde entscheidet über „interessant" oder „uninteressant", ähnlich wie beim „Zappen" an der Fernbedienung des Fernsehers. Zappen Sie 10 Kanäle durch und Sie entscheiden sehr schnell, bei welchem Kanal Sie verweilen. Auf ähnliche Weise müssen wir Verkäufer mit unsern Fähigkeiten, unserer Emotionalen Intelligenz, diese erste Hürde meistern.

Dazu gehört in erster Linie die positive Ausstrahlung. Die „Ausstrahlung" ist ein Spiegelbild der inneren Einstellung zu mir, zur Arbeit, zum Kunden. In erster Linie muss ich mir bewusst sein:

Positive Ausstrahlung als Spiegelbild der inneren Einstellung

> **„Mein Denken bestimmt mein Handeln."**

Dazu einige Zeilen von Goethe:
*Beobachte Deine Gedanken,
denn sie werden Deine Worte.
Beobachte Deine Worte,
denn sie werden Deine Taten.
Beobachte Deine Taten,
denn sie werden Deine Gewohnheiten.
Beobachte Deine Gewohnheiten,
denn sie werden Dein Charakter.
Beobachte Deinen Charakter,
denn er wird Dein Schicksal.*

So lächerlich es in mancher Ohren klingt – eine gute Übung ist vorm Antritt des ersten Verkaufsbesuches die tägliche Frage: Auf was freue ich mich? Worte können lügen, der Körper nicht und Freundlichkeit steckt an!

5.2. Der Gleichklang der Ansprache

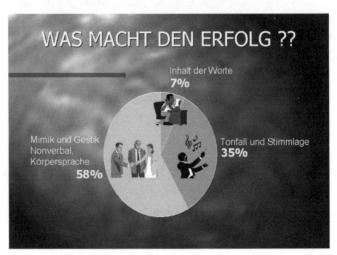

Wir kommunizieren weit mehr, als unsere bloßen Worte übermitteln. Bedeutendere Kommunikationsparameter als der Wortinhalt sind Tonfall, Stimmlage, Mimik, nonverbaler Ausdruck.

Leider oder auch zum Glück sind alle Menschen mit unterschiedlichen Antennen in ihrer Wahrnehmung ausgestattet.

Neben den 7 % Sprachinhalt nimmt der Mensch die Umwelt mit seinen 5 Sinnen wahr:

1. **visuell (mit dem Sehsinn)**
2. **akustisch (mit dem Hörsinn)**
3. **kinästhetisch (mit der Tiefensensibilität)/ haptisch (mit dem Tastsinn)**
4. **olfaktorisch (mit dem Geruchssinn)**
5. **gustatorisch (mit dem Geschmackssinn)**

Nur wenige Sinneskanäle werden überhaupt benutzt und angesprochen

Zumeist nutzen Menschen einen oder zwei bevorzugte Sinneskanäle. Oft sind dies starke visuelle und teilweise akustische oder stark kinästhetische und leicht visuelle Repräsentationen. Gerade im Verkauf ist ein Zeichen „emotionaler Verkäuferintelligenz" das Erkennen, welche Kommunikationskanäle mein Gesprächspartner bevorzugt. Mit scharfen Sinnen wird dem Verkäufer nicht entgehen, auf welchen Kanälen der Kunde sendet und empfängt.

Der visuelle Typ verwendet oft Ausdrücke aus dem Bereich des Sehens (wie man sieht, ...), entsprechend der auditive Typ aus dem Bereich des Hörens (wie man hört, ...). Der kinästhetische Typ zeichnet sich durch ausgeprägte Wahrnehmung in der Gefühlswelt aus. Im olfaktorischen Bereich (griech.: ozein = riechen) reagiert mein Gegenüber stark auf Geruchswahrnehmungen. Aus diesem Grund gibt es Menschen, die sich „nicht riechen" können. Das aufdringliche Aftershave, der extreme Schweißgeruch oder auch Mundgeruch sind Punkte, die in einem Verkaufsgespräch hinderlich sein können.

Einen visuellen Typ auf kinästhetischer Ebene anzusprechen ist im Verkauf genauso erfolgsbehindernd wie umgekehrt.

5.3. Der Gleichklang der Körper

Ein Index für den Grad an „emotionaler Übereinstimmung" ist die Abstimmung der körperlichen Bewegungen. Je enger die Bewegungen zwischen Gesprächspartnern abgestimmt sind, desto freundlicher, fröhlicher, begeisterter, interessierter und entspannter sind ihre Empfindungen. Je mehr sich Gesprächspartner aufeinander einlassen, desto mehr beginnen Stimmungen sich miteinander zu verzahnen.

Abstimmung der körperlichen Bewegungen als Gradmesser von emotionaler Übereinstimmung

5.4. Verstehen Sie Ihren Gesprächspartner

Vier Grundbedürfnisse eines Kunden:

1. **Bedürfnis,** wichtig zu sein. Geben Sie Ihrem Gesprächspartner das Gefühl, er ist der wichtigste Mensch der Welt und etwas Besonderes. Ego und Selbstwertgefühl sind die wichtigsten Persönlichkeitsfaktoren

2. **Bedürfnis,** willkommen zu sein. Zeigen Sie dem Gesprächspartner, dass Sie sich freuen, ihn zu sehen

3. **Bedürfnis,** verstanden zu werden. Zeigen Sie durch positive Zuwendung ständig Verständnis für Ihren Gesprächspartner. Ein Feedback klärt Verständnisschwierigkeiten und beugt Barrieren vor

4. **Bedürfnis** nach Sicherheit. Eine gute Geschäftsbasis setzt Vertrauen voraus; Vertrauen in den Verkäufer als Repräsentant und in das Unternehmen. Der Kunde braucht die „Sicherheit, gut aufgehoben zu sein"

5.5. Optimismus – eine emotional-intelligente Haltung

Wie sehr der Optimismus Menschen zu motivieren vermag, wird klar an der Auswertung einer amerikanischen Versicherungsgesellschaft; gerade in diesem Bereich sind die Niederlagen äußerst hoch. Drei Viertel aller Versicherungsvertreter geben in den ersten 3 Jahren auf. Neue Versicherungskaufleute mit optimistischem Naturell verkauften 37 % mehr Versicherungen als Pessimisten. Im ersten Jahr gaben aus den Reihen der Pessimisten doppelt so viele auf wie aus der Gruppe der Optimisten.

Optimismus besiegt den Pessimismus

Ein besonderer Test erzeugte Aufmerksamkeit: Eine Gruppe von Versicherungsverkäufern, die bei einem „Optimismus-Test" sehr gut abgeschnitten hatte, aber bei den üblichen Einstellungstests durchgefallen war, übertraf die Verkäufe der Pessimisten im ersten Jahr um 21 %, im zweiten Jahr um 57 %.

Dass der Optimismus sich derart stark im Verkaufserfolg niederschlägt, spricht dafür, dass er eine „emotional intelligente Haltung" ist. Für einen Verkäufer ist jedes „Nein" eine Niederlage. Wie er emotional auf diese Niederlage reagiert, ist entscheidend für die Fähigkeit, genügend Motivation zum Weitermachen aufzubringen.

Schlussfolgerung des Optimisten:

„Ich muss die Leute anders ansprechen, der letzte Kunde war einfach nicht gut drauf."

5.6. Sympathie – partnerorientiertes Gespräch

Ein positives Gesprächsklima ist verhältnismäßig einfach, wenn der Kunde seinen Beitrag dazu leistet. Aber was geschieht, wenn Kunden unter Druck stehen, aggressiv sind, ablehnend reagieren? Dann fällt Freundlichkeit schwer, positive Signale bleiben oft auf der Strecke. Für diesen Fall gibt es ein altbewährtes Rezept. Amerikanische Verkaufstrainer sagen „act-as-if-method" dazu; bei uns nennt man dies Autosuggestion, kurz:

Tun Sie, als ob!

Sagen Sie nicht: *„Ich muss jetzt aber freundlich sein"* oder: *„Mensch, reiß dich zusammen"* oder: *„Ich will jetzt freundlich sein"*. Es wird nicht klappen. Sagen Sie einfach: *„Ich bin freundlich"*, malen Sie sich einen großen Smilie auf ein Blatt, schauen Sie ihn an. Suchen Sie sich am Gesprächspartner die positiven Seiten und es wird Ihnen unmöglich sein, unfreundlich zu sein.

Etwas Schauspielern gehört zur emotionalen Verkäuferintelligenz. Ein guter Verkäufer braucht drei Eigenschaften:

- **gute Projektion** (Ausstrahlungskraft, Überzeugungsfähigkeit)
- **gute Empathie**
- **gesunden „Ego-Drive"**

Während „Ego-Drive" in den Genen verwurzelt ist, sind Projektion und Empathie erlernbar. Auch mit wenig Erfolgsdrang, jedoch antrainierter und erlernter guter Projektion sowie gutem „Einfühlungsvermögen" werden Sie zu den erfolgreichen Verkäufern gehören.

Nur Projektion und Empathie sind erlernbar

Sympathie schafft Kundenbindung. Verkaufsgespräche im partnerschaftlichen, unterstützenden Klima, die sich an persönlichen Bedürfnissen orientieren, schaffen eine langfristige Bindung. Aus Sicht der emotionalen Verkäuferintelligenz ist Kennzeichen eines partnerschaftlich orientierten Gespräches das persönliche Engagement der Beteiligten. Nicht nur der Gesprächsgegenstand, sondern bei Bedarf auch die Beziehung zwischen den Besprechungsteilnehmern werden thematisiert.

Im partnerorientierten Gespräch fühlen sich alle Teilnehmer akzeptiert und sind motiviert, ihre Kenntnisse und Fähigkeiten zum Nutzen des gemeinsamen Zieles einzusetzen. Die im Gespräch erarbeitete Leistung ist ein Gemeinschaftsprodukt aller Teilnehmer. Solche Gespräche zeichnen sich aus durch bessere Qualität der Gesprächsergebnisse und die größere Zufriedenheit der Gesprächsteilnehmer.

5.7. Tipps für partnerorientierte Gespräche

- Achten Sie auf Ihre Stimme. Eine tiefe Stimme klingt angenehm und schafft ganz unbewusst Vertrauen. Sprechen Sie langsam und ruhig, besonders am Telefon! Lehnen Sie sich also entspannt zurück, wenn Sie sprechen

- Bei Verkaufsgesprächen beachten Sie bewusst die Sachebene und emotionale Ebene

- Achten Sie darauf, mit welchen Sinnen Ihr Gesprächspartner am besten anzusprechen ist

- Akzeptieren Sie Ihre Gesprächspartner ohne Rücksicht auf Sympathie. Ihre Aussagen sind klar, eindeutig und verbindlich. Unklarheiten beseitigen Sie sofort durch Fragen oder Erklärungen

- Angriffe von Kunden beantworten Sie ruhig und gelassen. Sie beginnen niemals mit einem persönlichen Angriff

- Bei Kommunikationsstörungen setzen Sie Feedback ein. Ein Urteil erst dann abgeben, wenn Sie sich ein genaues Bild vom Sachverhalt gemacht haben

- Negative Aussagen grundsätzlich nie personalisieren

- Der **Gesprächspartner ist Mittelpunkt,** nicht das zu verkaufende Produkt

- Signalisieren Sie dem Gesprächspartner Sympathie

- Hören Sie aufmerksam zu (hören – denken – antworten)

Der gute Eindruck zählt

Beim Erstkontakt zählt der berühmte „gute Eindruck". Er schafft Sympathie. Für einen Verkäufer ist es fast unmöglich, in ein Antipathiefeld hinein zu überzeugen.

> **Was Augen und Ohren der Zuhörer missfällt, hat keine Chance, den Verstand zu erreichen.**

Andererseits gilt:

> **Was das Herz begehrt, rechtfertigt der Verstand.**

Emotionale Verkäuferintelligenz

6. Im Verkaufsgespräch

Das Zeitproblem im Verkaufsgespräch

Für das gesamte Gespräch gilt: Die Kommunikation muss in Ruhe erfolgen. Die Umgebung sollte „stressfrei", d. h. ohne äußere Einflüsse und Ablenkungen, ohne äußerliche Unterbrechungen sein. Steht nicht genügend Zeit zur Verfügung, ist es besser, das Gespräch zu verschieben.

6.1. Kommunikative Grundlage

Ein Verkaufsgespräch ist zunächst eine Kommunikation nach dem berühmten Modell von Schulz v. Thun.

Auf der einen Seite der Sender, auf der anderen der Empfänger. Die Übermittlung der Botschaft kann durch viele Faktoren gestört sein. Daher muss nicht unbedingt genau das ankommen, was der Sender sendet. Daraus leiten sich wohl die größten Missverständnisse und Probleme ab. Jeder Mensch „filtert" sowohl als Sender als auch als Empfänger die Botschaft durch seinen Erfahrungshorizont.

Aussagen können unterschiedlich wahrgenommen werden

> **Die Botschaft ist das, was ankommt.**

Doch was wird gesendet, was kommt an?

6.1.1. Vier Ohren einer Botschaft

Der emotional intelligente Verkäufer ist sich bewusst über die Belegung seiner Aussage mit verschiedenen inhaltlichen Bedeutungen.

Verdeutlichen wir den Sachverhalt an einer alltäglichen Situation – ein Ehepaar im Auto:

Die Aussage des Beifahrers lässt sich in 4 Richtungen interpretieren:

	Sachebene	
	Die Ampel ist grün	
Selbstaussage	**Du, da vorne ist grün!**	**Appellfunktion**
Ich habe es eilig, bin ungeduldig		Gib Gas, damit wir noch drüberkommen
	Beziehungsebene	
	Du siehst das nicht, fährst zu langsam	

4 Seiten einer Nachricht – 4 Ohren, um zu hören

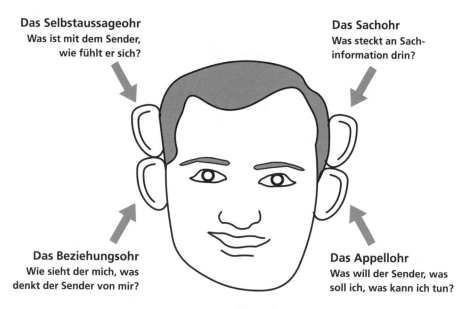

Das Selbstaussageohr
Was ist mit dem Sender, wie fühlt er sich?

Das Sachohr
Was steckt an Sachinformation drin?

Das Beziehungsohr
Wie sieht der mich, was denkt der Sender von mir?

Das Appellohr
Was will der Sender, was soll ich, was kann ich tun?

Ein gesagtes Wort ist demnach von verschiedenen Seiten zu beleuchten.

Eine gute Übung dazu ist folgende:

Typische Aussage eines Kunden:

_____

_____

Sachinformation:

_____

Selbstaussage:

_____

Appell:

_____

Beziehungsebene:

_____

_____

Notieren Sie sich typische Kundenaussagen und beleuchten Sie diese auf die verschiedenen Informationsgehalte hin.

6.1.2. In Bildern sprechen

Ein altes Sprichwort sagt:

> **„Ein Bild sagt mehr als tausend Worte."**

Ein bildhafter Denker kann ein einzelnes Bild von einem Begriff denken, das sich nur mit Hunderten oder Tausenden von Wörtern beschreiben lässt. Der Mensch denkt in Bildern – in Verbindung mit Visualisierung wird die „Merkrate" drastisch erhöht. In der positi-

Unser Gehirn verarbeitet am liebsten Bilder

ven Argumentation ist daher der Gebrauch von Visualisierung und bildhafter Sprache unerlässlich.

Daraus folgt eine Bemerkung zum Redevolumen:

> **Wer etwas zu sagen hat, braucht wenig Worte.**

6.1.3. Verkaufen Sie den Nutzen

Sie kennen das: Sie haben Ihrem Gesprächspartner die Argumente für Ihr Produkt – und auch die Vorteile gegenüber dem Wettbewerb dargelegt. Aber: Was hat der Kunde davon? Welchen persönlichen Nutzen können Sie dem Kunden mit Ihrem Produkt überbringen?

Der Kundennutzen ist das beste Kaufargument

Auf der Welt geschieht nichts ohne Grund. So kauft auch niemand ein Produkt, das ihm keinen Nutzen bringt. Berichten Sie also nicht zu viel über Ihre gelernten Argumente, sondern über den Nutzen, den Ihr Kunde mit Einsatz des Produktes für sich gewinnt.

Fragen Sie sich vorm Verkaufsgespräch:

- Welchen Grund hat der Andere, sich für mein Produkt zu entscheiden?

- Welchen sachlichen Nutzen hat der Andere von mir?

- Welchen emotionalen Nutzen hat der Andere von mir?

- Wie wird der Nutzen konkret, d.h. „griffig"?

- Bringen Sie den Nutzen in einem Satz auf den Punkt

- Erstellen Sie sich eine Kette: **Argument – Vorteil – Nutzen**

6.1.4. Fragen im Gespräch

Der „emotional intelligente Verkäufer" hat das Ziel, den Kunden zu seinem Erfolg zu führen. Fragen anstatt argumentieren ist dazu die erste Bedingung. Er erfragt die exakten Bedürfnisse des Kunden, um sein Produktangebot, besser seine Nutzenargumentation daran zu orientieren. Dazu muss er „Interesse" wecken, also nah am Kunden sein, sich für ihn und seine Belange, seine Probleme interessieren.

Weitere Informationen und Tipps erhalten Sie zu diesem und zum vorangehenden Thema in diesem Buch an anderer Stelle.

6.1.5. Der Kunde will gelobt sein

> **Gegen Angriffe kann man sich wehren.**
> **Gegen Lob ist man machtlos.**

Formen der Anerkennung

Blickkontakt

Kopfnicken

Positives Feedback

Bestätigende Handbewegung

Aufwertende Einleitungen,
z.B.: „Gut, dass Sie darauf zu sprechen kommen ..."
„Hochinteressant, was Sie da gerade
gesagt haben ..."

6.1.6. Der Kunde hat einen Einwand

Der „emotional intelligente Verkäufer" hat sich von dem Gedanken zu befreien, einen Einwand „behandeln" zu müssen. Zum einen sind 90 % der Einwände ohnehin Vorwände. Zum anderen zeigt mir der Gesprächspartner sein Denken, seine Meinung und ich habe die Gelegenheit zu erkennen, wo er steht. Nach den Regeln des „aktiven Zuhörens" ist es nun ungeheuer wichtig, dem Kunden zu signalisieren, dass ich seine Äußerung ernst und wichtig nehme. Solange die Emotionen des Gesprächspartners nicht angemessen gewürdigt worden sind, wird sich kaum ein sinnvolles fachliches Gespräch entwickeln können.

Einwände von Vorwänden unterscheiden

So ist es ungeheuer wichtig, in der ersten Phase des Einwandes „die Luft rauszulassen". Dazu muss seinen Gefühlen ein **„Kissen berei-**

tet werden", auf dem er emotional weich landen kann. Solche Kissen nennt man auch Paraphrasen, also Sätze, die Emotionen weich abfedern.

> **Deine Meinung interessiert uns!**

Dem Kunden emotional vermitteln, einem interessanten Gesprächspartner gegenüber zu sitzen

Zusätzlich wird dem Kunden dadurch das Gefühl vermittelt, einen interessierten Gesprächspartner zu haben: Das Gespräch kann daraufhin die emotionale Ebene verlassen und es können erfolgreich die Produktvorteile beschrieben werden.

Im zweiten Schritt kann ich daraufhin die emotionale Ebene verlassen und meine weitere Produktargumentation mit einer weiterführenden Frage einleiten.

7. Zusammenfassende Kurz-Tipps: mehr Gesprächserfolg durch Empathie

1 Achten Sie auf Ihre innere Einstellung

2 Verbreiten Sie Optimismus

3 Achten Sie auf Ihre Stimme

4 Interessieren Sie sich aufrichtig für den Gesprächspartner

5 Führen Sie Gespräche auf partnerschaftlicher Ebene

6 Nehmen Sie sich Zeit

7 Vergessen Sie nie, dass für jeden Menschen sein Name das schönste und wichtigste Wort ist

8 Hören Sie mit 4 Ohren

9 Signalisieren Sie Interesse durch Fragen

10 Zeigen Sie Interesse an den Gedanken des Gesprächspartners durch positives Feedback

11 Hören Sie aktiv zu – seien Sie ein guter Zuhörer

12 Sprechen Sie von Dingen, die den Gesprächspartner interessieren

13 Bei Ein- und Vorwänden „legen Sie dem Gesprächspartner ein Kissen"

14 Bestärken Sie den Gesprächspartner in aufrichtiger Weise in seinem Selbstbewusstsein

8. Der Höhepunkt des Gespräches – der Verkaufsabschluss

In jedem Verkaufsgespräch ist es dann so weit — die entscheidende Frage naht! Alle Punkte sind besprochen, alle Argumente ausgetauscht. Sicher ist es eine Frage des emotional intelligenten Feelings zu erkennen, wann dieser Moment gekommen ist.

Abschlußsignale erkennen und sofort darauf reagieren

Abschluss-Signale:

verbal:
- Kunde fragt nach Details
- Kunde lobt Produkt, Konditionen etc.
- Kunde signalisiert Interesse
- Kunde fragt nach Preis ...

nonverbal:
- nicken
- interessiert vorbeugen
- Blickkontakt
- aufmerksames Zuhören
- Kunde schaut Produkt begeistert an/nimmt Produkt in die Hand

Erneute Argumentation wäre die „Rolle rückwärts". Im Gegensatz dazu steht die „Flucht nach vorne" – das Verkaufsgespräch ohne den „Verbleib" anzusprechen. Doch viele Verkäufer scheuen diesen Schritt

– wohl aus Angst vor dem Nein oder vor weiteren Einwänden.

Der Abschluss ist ein Mosaik aus

- akzeptierten Argumenten
- Nutzen des Produktes
- bildhaften Einsatzmöglichkeiten des Produktes

Tipps zum konkreten Abschluss:

- Holen Sie sich während des Gespräches akzeptierte Vorteile durch Kontroll- und Akzeptanzfragen nach Ihren jeweiligen Argumentationsaussagen

- Bringen Sie in die Handlungsaufforderung bzw. -vereinbarung den Hauptnutzen so unter, wie ihn der Kunde erleben soll

- Konkreten Abschluss während des Gespräches schon vorbereiten durch Ansprache konkreter Einsatzmöglichkeiten des Produktes

- Handlungsvereinbarung mit Rückfrage ist besser als pauschaler Kauf- bzw. Einsatzappell

> **Ein erfolgreicher Abschluss gipfelt in einer konkreten Vereinbarung.**

9. Auf einen Nenner gebracht

Durch Empathie den Kunden für sich gewinnen

Die hohe Kunst der emotionalen Verkäuferintelligenz liegt darin, mit viel Empathie den Kunden zunächst als Mensch, als individuelle Persönlichkeit zu gewinnen.

Auf dieser Basis werden Sie als Repräsentant, als Mensch „griffig". Sie bekommen „Kontur". Der Kunde bekommt eine Beziehung zu Ihnen. Mit dieser Beziehung entwickelt sich die Wertstellung Ihrer Worte, Ihrer Argumentation, Ihres Produktes.

Sehen Sie so die Bedürfnisse Ihrer Kunden und den Nutzen Ihres Produktes mit den Augen Ihres Gesprächspartners und beraten Sie ihn so punktgenau nach seinen Anliegen.

Auf dieser Basis wird es Ihnen mit emotionaler Verkäuferintelligenz gelingen.

> „Unsere Aufgabe ist es,
> dem Kunden etwas zu geben,
> was er haben möchte,
> von dem er aber nie wusste,
> dass er es suchte und von dem er sagt,
> dass er es schon immer wollte,
> wenn er es bekommt ..."
>
> *Sir Dennis Lisdun*

Quellenangaben und Literaturhinweise

Wolfgang Grantl

- *Bettger, Frank*, „Lebe begeistert und gewinne", Oesch-Verlag AG, CH 8800 Thalwill, Schweiz, Titel übersetzt aus dem Amerikanischen)

Roland Strauß

- *Senner, Peter Josef*, „Kunden-Coaching", Würzburg, 1998, 2. Auflage
- *Senner, Peter Josef*, „Verkäufer Coaching", Offenbach, 2005, 1. Auflage
- *Zehetner, Reinhardt*, „Ich muss bei mir selbst beginnen", Hard/Österreich, 1992 1. Auflage

Thomas Hildenbrand

- *Ederer, Günter; Seiwert, Lothar J.*, „Das Märchen vom König Kunde" Offenbach, GABAL, 1998
- *Senner, Peter Josef*, „Kunden-Coaching", Würzburg, 1998, 2. Auflage

Birgit Kettler

- *Böhmer, Peter*, „Kundenkonferenz", Hamburg, 2000, 1. Auflage
- *Brockhaus Enzyklopädie*, Mannheim, 1994, 19. Auflage
- *Bruhn, M.*, „Kundenorientierung", München, 1999
- *Homburg, C; Rudolph, B.*, „Theoretische Perspektiven zur Kundenzufriedenheit" Wiesbaden, 1995
- *Keller, Bernhard; Matzke, Sandro*, „Die Kundenkonferenz Planung & Analyse", Zeitschrift für Marktforschung u. Marketing, 1997
- *Klampfer, Markus*, „Wirtschaft – Marketing, Unternehmenskommunikation, CRM, Marktforschung", Diplomarbeit 1999
- *Schüller, Anne*, „Erfolgreich verhandeln – Erfolgreich verkaufen" Businessvillage, 2005
- *Simon, H; Homburg, C.*, „Kundenzufriedenheit als strategischer Erfolgsfaktor", Wiesbaden, 1995
- *Töpfer, Armin*, „Kundenzufriedenheit messen und steigern", Luchterhand, 1999

Dr. Wolfgang Viehmann

- *Garber, Thorsten,* „Wandel vom Produktverkäufer zum beratenden Partner", Absatzwirtschaft 7, 2004

Hans-Georg Hammer

- *Goleman, Daniel,* „Emotionale Intelligenz", Carl Hanser Verlag München-Wien, 1996
- *von Thun, Friedemann-Schulz,* „Miteinander Reden", Hamburg, 1996

www.Coaching-Concepts.de

Als starkes und flexibles Trainingsunternehmen entwickelt Coaching Concepts moderne Schulungs- und Coaching-Programme für Verkaufsorganisationen. Besonders innovativ und praxisnah arbeiten die CC-Trainerinnen und -Trainer mit Spezial-Konzepten, die Training und individuelles Coaching in kompakte und nachhaltige Maßnahmen für Verkäufer und Verkaufsleiter integrieren.

Alle Autoren dieses Werkes sind feste Kooperationspartner im Trainer-Netzwerk. Die Bereiche Führung und Verkauf bilden die einheitlichen Schwerpunkte der Organisation, deren Mitglieder alle über fundierte Management- und Verkaufserfahrung verfügen. Vielfältige persönliche Einzelkompetenzen gewährleisten eine große Bandbreite der Projekte und Methoden in Training und Coaching.

COACHING CONCEPTS
THE TRAINING NETWORK

Zentrale:
Herbert-Kessel-Straße 13 – 86842 Türkheim
Telefon 0 82 45/90 46 50 – Fax 0 82 45/90 46 52
E-Mail: zentrale@coaching-concepts.de

VERKÄUFER COACHING

In Zusammenarbeit mit

Mehr Verkaufserfolg mit dem neuen Spezial-Programm:
- Das kompakte Aktivierungskonzept in drei Stufen
- Mit persönlichem Coaching Ihrer Verkäufer.
- Und einem konkreten Coaching-Guide für den Verkaufsleiter.

Kompakt-Seminar	Verkäufer-Coaching	Verkaufsleiter-Coaching
Effektive, Kunden-individuelle Schulung von Verkaufswissen und Verhalten	vertiefende persönliche Coaching-Gespräche mit Ihren Mitarbeitern zur Praxis	Coaching des Verkaufsleiters mit Handlungsempfehlungen zur erfolgreichen Umsetzung in mehr Verkaufserfolg
Zeit sparend!	**Persönlich!**	**Nachhaltig!**

Weitere Informationen über unsere Trainer:
www.coaching-concepts.de

oder von:
Coaching Concepts GmbH + Co. KG
Herbert-Kessel-Straße 13
86842 Türkheim
Telefon 0 82 45 / 90 46 50
Telefax 0 82 45 / 90 46 52
eMail: zentrale@coaching-concepts.de

GABAL — Bücher für Management

Die M.O.T.O.R.-Strategie
280 Seiten, gebunden
ISBN 3-89749-441-8

Das verborgene Netzwerk der Macht
240 Seiten, gebunden
ISBN 3-89749-122-2

next practice - Erfolgreiches Management von Instabilität
224 Seiten, gebunden
ISBN 3-89749-439-6

Instant Marketing
366 Seiten, gebunden
ISBN 3-89749-350-0

Rasierte Stachelbeeren
264 Seiten, gebunden
ISBN 3-89749-080-3

Positionierung – das erfolgreichste Marketing auf unserem Planeten
ca. 220 Seiten, gebunden
ISBN 3-89749-506-6

Infonautik
240 Seiten, gebunden
ISBN 3-89749-564-3

www.ziele.de
180 Seiten, gebunden
ISBN 3-89749-563-5

Claims
180 Seiten, gebunden
ISBN 3-89749-562-7

NAME-POWER
ca. 220 Seiten, gebunden
ISBN 3-89749-508-2

Kopf oder Zettel?
250 Seiten, gebunden
ISBN 3-89749-561-9

Co-Aktives Coaching
ca. 300 Seiten, gebunden
ISBN 3-89749-507-4

Informationen über weitere Titel unseres Verlagsprogrammes erhalten Sie in Ihrer Buchhandlung, unter info@gabal-verlag.de oder im GABAL Shop.

www.gabal-shop.de

Business-Bücher für Erfolg und Karriere

Love it don t leave it
200 Seiten
ISBN 3-89749-502-3

Beziehungsmanagement
144 Seiten
ISBN 3-89749-503-1

Die souveräne Stimme
ca. 220 Seiten
ISBN 3-89749-505-8

Selbstmanagement
160 Seiten
ISBN 3-89749-550-3

Souverän freie Reden halten
168 Seiten
ISBN 3-89749-363-2

Grundlagen erfolgreicher Mitarbeiterführung
180 Seiten
ISBN 3-89749-548-1

Erfolg durch Effizienz
191 Seiten
ISBN 3-89749-433-7

Erfolgreiche Führungsgespräche
192 Seiten
ISBN 3-89749-464-7

Gestern Kollege – heute Vorgesetzter
176 Seiten
ISBN 3-89749-463-9

Ganz einfach verkaufen
136 Seiten
ISBN 3-89749-341-1

Das 1x1 der Selbstmotivation
160 Seiten
ISBN 3-89749-551-1

Moderation & Kommunikation
136 Seiten
ISBN 3-89749-003-X

Informationen über weitere Titel unseres Verlagsprogrammes erhalten Sie in Ihrer Buchhandlung, unter info@gabal-verlag.de oder im GABAL Shop.

www.gabal-shop.de

GABAL
Karriere-Ratgeber mit Internet-Workshop

e-mail-kommunikation
144 Seiten
ISBN 3-89749-178-8

telefonpower
128 Seiten
ISBN 3-89749-175-3

telefonsales
128 Seiten
ISBN 3-89749-288-1

erfolgsrhetorik für frauen
128 Seiten
ISBN 3-89749-364-0

stimmtraining – ... und
plötzlich hört dir jeder zu
128 Seiten
ISBN 3-89749-176-1

powerpräsentation
mit powerpoint
320 Seiten
ISBN 3-89749-365-9

projektmanagement
128 Seiten
ISBN 3-89749-431-0

Zeitmanagement
128 Seiten
ISBN 3-89749-430-2

internet – quick & easy
128 Seiten
ISBN 3-89749-253-9

nutzen bieten –
kunden gewinnen
144 Seiten
ISBN 3-89749-254-7

sie bekommen nicht, was sie verdienen, sondern was sie verhandeln
128 Seiten
ISBN 3-89749-177-X

busiquette –
korrektes verhalten im job
128 Seiten
ISBN 3-89749-289-X

business with
the japanese
128 Seiten
ISBN 3-89749-461-2

die 100%-
bewerbung
160 Seiten
ISBN 3-89749-462-0

Überzeugen ohne zu
argumentieren
128 Seiten
ISBN 3-89749-511-2

Persönlichkeitsmarketing
128 Seiten
ISBN 3-89749-510-4

assessment center
160 Seiten
ISBN 3-89749-552-X

bewerben in traumbranchen
128 Seiten
ISBN 3-89749-553-8

Informationen über weitere Titel unseres Verlagsprogrammes erhalten Sie in Ihrer Buchhandlung, unter info@gabal-verlag.de oder im GABAL Shop.

www.book-at-web.de

 **Stephen R. Covey**

Die Bestseller von Stephen R. Covey

ISBN 3-89749-573-2

ISBN 3-89749-574-0

Seit der Erstveröffentlichung 1989 gelten *Die 7 Wege* zur Effektivität als revolutionärer Managementklassiker und gehören mit über 15 Millionen verkauften Exemplaren auch heute noch zu den wichtigsten Business-Bestsellern. Die vorliegende Fassung beruht auf der amerikanischen Neuausgabe der 7 Habits von 2004. Sie wurde sprachlich überarbeitet, enthält ein neues Vor- und Nachwort und zahlreiche anschauliche Beispiele, die bisher in den deutschen Ausgaben der *7 Wege* nicht zu finden waren.

Das Buch liefert ein ganzheitliches Konzept für eine harmonische Balance zwischen Beruf- und Privatleben auf der Basis gesteigerter Effektivität. Die zentrale Botschaft von Covey ist, dass nicht angelernte Erfolgstechniken, sondern Charakter, Kompetenz und Vertrauen zu einem erfüllten und erfolgreichen Leben führen.

Alles verändert sich. Ständig. Immer schneller. Das Leben präsentiert sich als permanentes Wildwasser. Alte Verhaltensmuster funktionieren nicht mehr. Im turbulenten Wildwasser der modernen Wissensgesellschaft müssen wir vor allem unser Hirn einsetzen und auch unsere Herzen, wenn wir etwas erreichen und uns leidenschaftlich für etwas engagieren wollen. Doch wie entfachen wir unser inneres Feuer? Und was heißt das für Führungskräfte? Sie müssen bei sich selbst anfangen, ihr inneres Feuer und ihre innere Stimme finden. Und dann die anderen in ihrer Umgebung dazu inspirieren, die ihre zu finden.

Ist dies ein Buch nur für Führungskräfte? Nein, für jeden! Denn ein sinnerfülltes Leben uns wahre Größe ist eine Frage der Wahl, nicht der Position.

Informationen über weitere Titel unseres Verlagsprogrammes erhalten Sie in Ihrer Buchhandlung, unter **info@gabal-verlag.de** oder **www.gabal-shop.de**.